TAM ŞEKERLEME YEMEK KİTABI

Tereyağlı Mutluluğun 100 Cazip İkramıyla Kendinizi Ayartın

Sıla Aslan

Telif Hakkı Malzemesi ©2024

Her hakkı saklıdır

Bu kitabın hiçbir bölümü, incelemede kullanılan kısa alıntılar dışında, yayıncının ve telif hakkı sahibinin uygun yazılı izni olmadan, hiçbir şekilde veya yöntemle kullanılamaz veya aktarılamaz. Bu kitap tıbbi, hukuki veya diğer profesyonel tavsiyelerin yerine geçmemelidir.

İÇİNDEKİLER

İÇİNDEKİLER 3
GİRİİŞ 6
KAHVALTI 7
   1. BANOFFEE CRUFFIN'LER 8
   2. ŞEKERLEME VE SPRINKLES İLE MUZLU EKMEK 11
   3. ŞEFTALİ-ŞEKERLEME KURABİYELERİ 13
   4. BANOFFEE WAFFLE 15
   5. PETEK ŞEKERLEME EKMEK 17
   6. ŞEKERLEME TARÇINLI RULOLAR 19
   7. ŞEKERLEMELİ ELMALI MUFFİNLER 21
   8. ŞEKERLEME AYRAN KREP 23
   9. ŞEKERLEME TARÇIN YULAF EZMESİ 25
   10. ŞEKERLEME FRANSIZ TOSTU 27
   11. ŞEKERLEME YOĞURT PARFE 29
   12. ŞEKERLEME MUZLU KREP 31
   13. ŞEKERLEME KAHVALTI QUESADİLLAS 33
   14. ŞEKERLEME B AYRANLI KEKLER 35
   15. ŞEKERLEME KARAMEL YULAF EZMESİ 37
   16. ŞEKERLEME BADEM GRANOLA 39
   17. ŞEKERLEME MUZLU EKMEK MUFFİNLER 41
   18. ŞEKERLEME ELMA KAHVALTI AYAKKABICI 43
ATIŞTIRMALIKLAR VE ŞEKERLEME 45
   19. ÇİKOLATA-ŞEKERLEME KRAKER CRUNCH 46
   20. KARAMELLİ CEVİZ BARLAR 48
   21. ŞEKERLEME KAJU HAZİNELERİ 50
   22. ŞEKERLEME TAHIL BARLARI 52
   23. TOBLERONE ŞEKERLEME ÇUBUKLARI 54
   24. BADEM ŞEKERLEME PATLAMIŞ MISIR 56
   25. HERSHEY'NİN ŞEKERLEME ÇUBUKLARI 58
   26. ESPRESSO DRIZZLE İLE BANOFFEE KURABİYELERİ 60
   27. BANOFFEE PIE ISIRMALARI 63
   28. CHOC BANOFFEE FILO YIĞINI 65
   29. BANOFFEE TARTLETS 67
   30. BANOFFEE KAPKEKLER 70
   31. DONDURULMUŞ BANOFFEE İKRAMLARI 73
   32. GRAHAM KRAKERLİ BANOFFEE DIP 75
   33. BANOFFEE ENERJİ ISIRMALARI 77
   34. BANOFFEE PATLAMIŞ MISIR KARIŞIMI 79
   35. BANOFFEE BRUSCHETTA ISIRMALARI 81
   36. BANOFFEE GRANOLA BARLARI 83

37. BANOFFEE S'MORES ISIRMALARI 85
38. BANOFFEE CHEESECAKE BARLARI 87
39. CANDIQUIK KOVBOY KABUĞU 89
40. ÇİKOLATALI ŞEKERLEME 91
41. TARÇINLI ŞEKERLEME ÇUBUKLARI 93
42. İNGİLİZ PUB ŞEKERLEMESİ 95
43. ŞEKERLENMİŞ PASTIRMA ŞEKERLEME KARELERİ 97
44. ŞEKERLEME PRETZEL ÇUBUKLARI 99

TATLI 101

45. ROMLU KARAMEL SOSLU YAPIŞKAN TOFFEE PUDİNG 102
46. NEMLİ YAPIŞKAN ŞEKERLEME TERS MUZLU KEK 105
47. YAPIŞKAN ŞEKERLEME BAHARATLI ELMALI PUDİNG 108
48. KARAMELLİ VE ŞEKERLEMELİ DONDURMA 111
49. ŞEKERLEMELİ LİMONLU BUZ BRÛLÉE 114
50. ŞEKERLEME YERMANTARLARI 116
51. MISO-KARAMELLİ ARMUTLU YAPIŞKAN ŞEKERLEME KEKLERİ 118
52. ÇİKOLATALI MOCHA ŞEKERLEME PARÇALI KURABİYE 121
53. ŞEKERLEME MOCHA PASTA 124
54. GÜL VE FISTIKLI ŞEKERLEME PARÇALI KREMA 127
55. BANOFFEE KEKİ 130
56. FIRINLAMASIZ VOTKA TOFFEE ELMALI CHEESECAKE 134
57. ŞEKERLEME POKE KEK 137
58. FIRINLANMAYAN BANOFFEE TARTLETS 139
59. BANOFFEE DONDURMA SUNDAE 142
60. BROWNIE ŞEKERLEME TRİFLE 144
61. ÇILGIN BANOFFEE BUNDT KEK 146
62. ŞEKERLEME CRUNCH EKLERLERİ 148
63. ŞEKERLEME FISTIK EZMELİ KURABİYE 151
64. İNGİLİZ ŞEKERLEMESİ 153
65. ŞEKERLEME KREMALI PASTA 155
66. ŞEKERLEME FONDÜ 157
67. ESPRESSO ŞEKERLEME CRUNCH SEMİFREDDO 159
68. KAHVE-ŞEKERLEME PARFE 161
69. ŞEKERLEME EKMEK PUDİNGİ 163
70. ŞEKERLEME CHEESECAKE BARLARI 165
71. ŞEKERLEME ELMA GEVREK 167
72. ŞEKERLEME MUZ BÖLÜNMÜŞ 169
73. ŞEKERLEME CEVİZLİ TURTA 171

ÇEŞNİLER 173

74. ŞEKERLEME TEREYAĞI 174
75. ŞEKERLEME VANİLYALI BUZLANMA 176
76. ŞEKERLEME SOSU 178
77. ŞEKERLEME KREM ŞANTİ 180

78. ŞEKERLEME KREM PEYNİR EZMESİ 182
79. ŞEKERLEME BALLI 184
80. ŞEKERLEME SIR 186
81. ŞEKERLEME ŞURUBU 188
82. ŞEKERLEME KREMASI 190
83. ŞEKERLEME GÖZLEME SOSU 192

İÇECEKLER 194

84. ŞEKERLEME MILKSHAKE 195
85. ŞEKERLEME BUZLU ÇAY 197
86. BANOFFEE FRAPPUCCINO 199
87. BANOFFEE KAHVELI SMOOTHIE 201
88. BANOFFEE PROTEINLI SMOOTHIE 203
89. BANOFFEE BASKIN KOKTEYLI 205
90. ARPA ŞARABI VE ŞEKERLEME 207
91. CRÈME BRÛLÉE ŞEKERLEMELI BOBA ÇAYI 209
92. ŞEKERLEME FINDIKLI LATTE 212
93. ŞEKERLEME RUSÇA 214
94. BANOFFEE PIE MARTINI 216
95. BANOFFEE ESKI MODA 218
96. BANOFFEE MILKSHAKE 220
97. BANOFFEE PIE KOKTEYLI 222
98. BANOFFEE PIE FRAPPE 224
99. BANOFFEE SICAK ÇIKOLATA 226
100. BANOFFEE COLADA 228

ÇÖZÜM 230

GİRİİŞ

Tereyağlı mutluluk ve karşı konulmaz tatlılığın dünyasına nefis bir yolculuk olan "TAM ŞEKERLEME YEMEK KİTABI"a hoş geldiniz. Zengin karamel aroması ve tatmin edici çıtırlığıyla şekerleme, nesiller boyu sevilen bir ikram olmuştur; hoşgörülü tadı ve rahatlatıcı sıcaklığıyla el üstünde tutulmuştur. Bu yemek kitabında sizi, damak tadınızı memnun edecek ve iştahınızı tatmin edecek 100 baştan çıkarıcı ikramla şekerlemenin sonsuz olanaklarını keşfetmeye davet ediyoruz.

Şekerleme, zaman aşımına uğramayan çekiciliğiyle nesilleri ve kültürleri aşan, zamana meydan okuyan bir şekerleme klasiğidir. İster tek başına bir şeker olarak tüketilsin, ister fırınlanmış ürünlere dahil edilsin, ister tatlıların üst malzemesi olarak kullanılsın, şekerleme herhangi bir mutfak yaratımına lüks bir dokunuş katma yöntemine sahiptir.

Bu tarif koleksiyonunda, çağlar boyunca aktarılan geleneksel tariflerden lezzet ve yaratıcılığın sınırlarını zorlayan yenilikçi dokunuşlara kadar sıfırdan şekerleme yapma sanatını keşfedeceğiz. İster deneyimli bir şeker üreticisi olun ister mutfakta acemi olun, her tarif ulaşılabilir, takip edilmesi kolay ve etkilemesi garantili olacak şekilde tasarlanmıştır. Ancak "TAM ŞEKERLEME YEMEK KİTABI" sadece tariflerden oluşan bir koleksiyondan daha fazlasıdır; hoşgörünün, çöküşün ve iyi yemeğin basit zevklerinin bir kutlamasıdır. İster kendinize tatlı bir atıştırmalık ısmarlıyor olun, ister sevdiklerinizle ev yapımı ikramları paylaşıyor olun, ister özel günler için unutulmaz tatlılar hazırlıyor olun, şekerlemenin her ana neşe ve rahatlık getirmenin bir yolu vardır.

Yani, canınız ister klasik bir şekerleme barı, ister tereyağlı şekerleme sosu ya da şekerlemeyle aşılanmış yozlaşmış bir tatlı olsun, "TAM ŞEKERLEME YEMEK KİTABI"un tereyağlı mutluluk için rehberiniz olmasına izin verin. Ağızda eriyen ilk ısırıktan, karamelize lezzetin kalıcı son tadına kadar, her tarif karşı konulmaz cazibesiyle sizi baştan çıkaracak ve daha fazlasını istemenize neden olacak.

KAHVALTI

1. Banoffee Cruffin'ler

İÇİNDEKİLER:

KRUFİN HAMURU İÇİN:
- 1 kutu kruvasan hamuru (soğutucu bölümünde mevcuttur)
- 2 yemek kaşığı tuzsuz tereyağı, eritilmiş
- ¼ bardak esmer şeker
- 1 çay kaşığı öğütülmüş tarçın
- 1 olgun muz, ince dilimlenmiş
- ¼ bardak şekerleme sosu veya karamel sosu

ÜSTÜ İÇİN:
- ½ bardak ağır krema
- 1 yemek kaşığı pudra şekeri
- ½ çay kaşığı vanilya özü
- 1 küçük muz, dilimlenmiş
- Ezilmiş şekerleme parçaları (isteğe bağlı)

TALİMATLAR:

a) Fırınınızı kruvasan hamuru paketindeki talimatlara göre önceden ısıtın.

b) Kruvasan hamuru kutusunu açın ve açın. Üçgenleri ayırın.

c) Küçük bir kapta esmer şekeri ve öğütülmüş tarçını karıştırın.

ç) Her kruvasan üçgenini eritilmiş tereyağıyla fırçalayın, ardından üzerine kahverengi şeker ve tarçın karışımını cömertçe serpin.

d) Her kruvasan üçgeninin geniş ucuna birkaç dilim olgun muz yerleştirin, ardından muz dilimlerinin üzerine biraz şekerleme veya karamel sosu gezdirin.

e) Her kruvasan üçgenini geniş ucundan noktaya kadar yuvarlayarak hilal şekli oluşturun. Muz ve şekerleme sosunun güvenli bir şekilde içeride olduğundan emin olun.

f) Muffin kalıbını yapışmaz sprey veya tereyağı ile yağlayın.

g) Doldurulan her kruvasanı muffin kaplarından birine yerleştirin ve çözülmesini önlemek için ucunun altına sıkıştırıldığından emin olun.

ğ) Kruvasan hamurunun paketindeki talimatlara göre önceden ısıtılmış fırında, genellikle altın rengi kahverengi olana ve kabarıncaya kadar pişirin.

h) Cruffinler pişerken üzerini hazırlayın. Bir karıştırma kabında ağır kremayı koyulaşana kadar çırpın. Pudra şekeri ve vanilya özütünü ekleyin ve sert zirveler oluşuncaya kadar çırpmaya devam edin.

ı) Cruffinlerin pişmesi bittiğinde, muffin kalıbında birkaç dakika soğumalarını bekleyin, ardından tamamen soğumaları için tel rafa aktarın.

i) Krutonlar soğuduktan sonra çırpılmış kremayı her bir kekin üzerine sıkın veya kaşıklayın.

j) İstenirse ilave muz dilimleri ve ezilmiş şekerleme parçalarıyla süsleyin.

k) Lezzetli Banoffee Cruffin'lerinizi servis edin ve tadını çıkarın!

2.Şekerleme ve Sprinkles ile Muzlu Ekmek

İÇİNDEKİLER:

- 1 çubuk eritilmiş tereyağı
- ½ su bardağı toz şeker
- ½ bardak paketlenmiş esmer şeker
- 1 yemek kaşığı vanilya özü
- 2 yumurta
- 2 su bardağı çok amaçlı un
- 1 çay kaşığı karbonat
- ½ çay kaşığı tuz
- 1 (5 ons) kap Yunan yoğurdu
- 3 adet çok olgun muz
- 1 bardak şekerleme parçaları
- ½ su bardağı renkli şekerlemeler
- Pişirme Modu: Ekranınızın kararmasını önleyin

TALİMATLAR:

a) Fırınınızı önceden 350°F'ye ısıtın ve 9x5 somun tepsisini cömertçe yağlayın.

b) Tereyağını eriterek başlayın. Geniş bir kapta eritilmiş tereyağını, toz şekeri ve paketlenmiş esmer şekeri birleştirin. Vanilya ekstraktını ve yumurtaları ekleyin, birleşene kadar karıştırın.

c) Ayrı küçük bir kapta çok amaçlı un, kabartma tozu ve tuzu birlikte çırpın. Bu kuru malzemeleri yavaş yavaş ıslak karışıma ekleyin ve birleşene kadar karıştırın.

ç) Olgun muzları, Yunan yoğurtunu, şekerleme parçalarını ve ¼ bardak renkli şekerlemeleri yavaşça ekleyin. Hazırlanan kek kalıbına hamuru dökün ve kalan serpintileri üstüne serpin.

d) 55-65 dakika veya ortasına batırdığınız kürdan temiz çıkana kadar pişirin. Eğlence!

3.Şeftali-Şekerleme Kurabiyeleri

İÇİNDEKİLER:
- 2 fincan çok amaçlı un
- 1/4 su bardağı toz şeker
- 1 yemek kaşığı kabartma tozu
- 1/2 çay kaşığı tuz
- 1/2 bardak tuzsuz tereyağı, soğuk ve küp şeklinde
- 3/4 bardak ayran
- 1 çay kaşığı vanilya özü
- 2 su bardağı dilimlenmiş şeftali
- Şekerleme sosu
- Servis için çırpılmış krema

TALİMATLAR:
a) Fırınınızı 220°C'ye (425°F) önceden ısıtın.
b) Büyük bir kapta un, şeker, kabartma tozu ve tuzu birlikte çırpın.
c) Soğuk küp tereyağını kuru malzemelere ekleyin. Tereyağını un karışımına kaba kırıntılara benzeyene kadar kesmek için bir pasta kesici veya parmaklarınızı kullanın.
ç) Karışımın ortasını havuz şeklinde açıp içine ayran ve vanilya özütünü dökün. Birleşene kadar karıştırın.
d) Hamuru unlu bir yüzeye alın ve bir araya gelinceye kadar birkaç kez hafifçe yoğurun.
e) Hamuru 1 inç kalınlığında bir yuvarlak haline getirin ve bisküvi kesici kullanarak kısa kekler kesin.
f) Kurabiyeleri parşömen kağıdıyla kaplı bir fırın tepsisine yerleştirin.
g) 12-15 dakika veya altın rengi kahverengi olana kadar pişirin.
ğ) Fırından çıkarın ve hafifçe soğumalarını bekleyin.
h) Kurabiyeleri yatay olarak ikiye bölün. İçlerini dilimlenmiş şeftalilerle doldurun. Şeftalilerin üzerine şekerleme sosunu gezdirin.
ı) Üzerine krem şantiyi ekleyip kekin diğer yarısını üstüne yerleştirin.
i) Birleştirilmiş kurabiyelerin üzerine daha fazla şekerleme sosu gezdirin.
j) Servis yapın ve tadını çıkarın!

4.Banoffee Waffle

İÇİNDEKİLER:
- 2 Muz
- 25 gr tuzsuz tereyağı
- 30 gr esmer şeker
- 2 Belçika waffle'ı
- 1 kaşık Banoffee Crunch dondurma
- 1 kaşık şekerli şekerleme dondurma
- 15 gr krem şanti
- 20g tatlı tatlı
- 15 gr çikolata sosu
- 2 Cadbury barı
- 3 Taze çilek

TALİMATLAR:
MUZ:
a) Muzları soyun ve dilimleyin.
b) Bir tavada tuzsuz tereyağını orta ateşte eritin.
c) Eriyen tereyağına esmer şekeri ekleyin ve şeker eriyene kadar karıştırın.
ç) Muz dilimlerini tavaya ekleyin ve ara sıra çevirerek karamelize olana kadar pişirin. Bu yaklaşık 3-5 dakika sürmelidir. Bir kenara koyun.

GOFRETLER:
d) Belçika waffle'larını paket talimatlarına göre veya altın kahverengi ve gevrek oluncaya kadar kızartın.
e) Kızarmış waffle'lardan birini servis tabağına yerleştirin.
f) Waffle'ın üzerine bir kat karamelize muz sürün.
g) Karamelize edilmiş muzların üzerine bir kepçe Banoffee çıtır dondurma ve bir kepçe şekerlemeli dondurma koyun.
ğ) Dondurmanın üzerine çırpılmış kremayı dökün.
h) Krem şantinin üzerine dulce de leche ve çikolata sosunu gezdirin.
ı) Cadbury barlarını küçük parçalara bölün ve waffle'ın üzerine serpin.

ÇİLEKLER:
i) Taze çilekleri yıkayıp dilimleyin.
j) Çilek dilimlerini waffle'ın üzerine dizin.
k) Banoffee Waffle'ı, waffle hala sıcakken ve dondurma biraz erimişken hemen servis edin.

5.Petek Şekerleme Ekmek

İÇİNDEKİLER:

- 3 su bardağı çok amaçlı un
- 2 çay kaşığı aktif kuru maya
- 1 çay kaşığı tuz
- 2 yemek kaşığı bal
- 1 bardak ılık su
- ¼ su bardağı eritilmiş tereyağı
- ½ bardak ezilmiş bal peteği şekerlemesi (isteğe bağlı)

TALİMATLAR:

a) Büyük bir karıştırma kabında un, maya ve tuzu birleştirin.
b) Ayrı bir kapta bal ve ılık suyu bal eriyene kadar karıştırın.
c) Bal-su karışımını un karışımına dökün ve iyice karıştırarak bir hamur oluşturun.
ç) Hamuru hafifçe unlanmış bir yüzeyde pürüzsüz ve elastik hale gelinceye kadar yaklaşık 5-7 dakika yoğurun.
d) Hamuru yağlanmış bir kaseye koyun, üzerini temiz bir mutfak havlusu ile örtün ve ılık bir yerde yaklaşık 1 saat veya hacmi iki katına çıkana kadar mayalanmaya bırakın.
e) Fırınınızı önceden 375°F (190°C) ısıtın.
f) Yükselen hamuru yumruklayın ve somun haline getirin.
g) Somunu yağlanmış bir fırın tepsisine yerleştirin ve üstünü eritilmiş tereyağıyla yağlayın.
ğ) Ezilmiş bal peteği şekerlemesini somunun üzerine serpin ve hamurun üzerine hafifçe bastırın.
h) Ekmeği önceden ısıtılmış fırında 25-30 dakika veya altın rengi kahverengi olana kadar pişirin.
ı) Ekmeği fırından çıkarın ve dilimleyip servis etmeden önce tel ızgara üzerinde soğumasını bekleyin.

6.Şekerleme Tarçınlı Rulolar

İÇİNDEKİLER:

- 1 paket (8 ons) soğutulmuş hilal ruloları
- 1/4 bardak şekerleme parçaları
- 2 yemek kaşığı tereyağı, eritilmiş
- 1/4 su bardağı esmer şeker
- 1 çay kaşığı öğütülmüş tarçın

TALİMATLAR:

a) Fırınınızı önceden 375°F (190°C) ısıtın ve bir pişirme kabını yağlayın.

b) Hilal şeklinde olan hamuru temiz bir zemin üzerine açıp üçgenlere ayırın.

c) Küçük bir kapta şekerleme parçalarını, eritilmiş tereyağını, esmer şekeri ve tarçını karıştırın.

ç) Şekerleme karışımını hamurun her üçgenine eşit şekilde dağıtın.

d) Her üçgeni geniş ucundan başlayarak yuvarlayın ve hazırlanan fırın tepsisine yerleştirin.

e) 12-15 dakika veya altın rengi kahverengi olana kadar pişirin.

f) Sıcak servis yapın ve kahvaltıda bu yapışkan Şekerleme Tarçınlı Ruloların tadını çıkarın!

7.Şekerlemeli Elmalı Muffinler

İÇİNDEKİLER:

- 2 fincan çok amaçlı un
- 1/2 su bardağı toz şeker
- 1 yemek kaşığı kabartma tozu
- 1/2 çay kaşığı tuz
- 1/2 su bardağı tuzsuz tereyağı, eritilmiş
- 2 büyük yumurta
- 1 bardak süt
- 1 çay kaşığı vanilya özü
- 1 su bardağı doğranmış elma
- 1/2 bardak şekerleme parçaları

TALİMATLAR:

a) Fırınınızı 190°C'ye (375°F) önceden ısıtın ve muffin kalıbını kağıt astarlarla kaplayın.
b) Büyük bir karıştırma kabında un, şeker, kabartma tozu ve tuzu birlikte çırpın.
c) Ayrı bir kapta eritilmiş tereyağı, yumurta, süt ve vanilya özünü karıştırın.
ç) Islak malzemeleri kuru malzemelerin içine dökün ve birleşene kadar karıştırın.
d) Doğranmış elmaları ve şekerleme parçalarını katlayın.
e) Hamuru muffin kaplarına eşit şekilde paylaştırın.
f) 18-20 dakika veya ortasına batırdığınız kürdan temiz çıkana kadar pişirin.
g) Servis etmeden önce muffinlerin biraz soğumasını bekleyin. Tatlı bir kahvaltı ikramı için bu lezzetli Şekerleme Elmalı Muffinlerin tadını çıkarın!

8. Şekerleme Ayran Krep

İÇİNDEKİLER:
- 1 fincan çok amaçlı un
- 1 yemek kaşığı toz şeker
- 1 çay kaşığı kabartma tozu
- 1/2 çay kaşığı karbonat
- 1/4 çay kaşığı tuz
- 1 bardak ayran
- 1 büyük yumurta
- 2 yemek kaşığı tuzsuz tereyağı, eritilmiş
- 1/2 bardak şekerleme parçaları

TALİMATLAR:
a) Büyük bir karıştırma kabında un, şeker, kabartma tozu, kabartma tozu ve tuzu birlikte çırpın.
b) Ayrı bir kapta ayran, yumurta ve eritilmiş tereyağını birlikte çırpın.
c) Islak malzemeleri kuru malzemelerin içine dökün ve birleşene kadar karıştırın.
ç) Şekerleme parçalarını katlayın.
d) Hafifçe yağlanmış bir tavayı veya ızgarayı orta ateşte ısıtın.
e) Her krep için 1/4 bardak hamuru tavaya dökün.
f) Yüzeyde kabarcıklar oluşana kadar pişirin, ardından çevirin ve diğer tarafı altın rengi kahverengi olana kadar pişirin.
g) Akçaağaç şurubu ve üstüne serpilmiş ekstra şekerleme parçalarıyla sıcak olarak servis yapın. Kahvaltıda bu leziz Şekerleme Kreplerinin tadını çıkarın!

9.Şekerleme Tarçın Yulaf Ezmesi

İÇİNDEKİLER:
- 1 su bardağı eski moda yulaf
- 2 bardak su
- Bir tutam tuz
- 1/4 bardak şekerleme parçaları
- 2 yemek kaşığı esmer şeker
- 1/4 çay kaşığı öğütülmüş tarçın
- 1/4 su bardağı süt

TALİMATLAR:
a) Küçük bir tencerede su ve tuzu kaynatın.
b) Yulafları karıştırın ve ısıyı en aza indirin. Ara sıra karıştırarak 5 dakika pişirin.
c) Şekerleme parçalarını, esmer şekeri ve öğütülmüş tarçını karıştırın.
ç) 2-3 dakika daha veya yulaf ezmesi istediğiniz kıvama gelinceye kadar pişirin.
d) Ateşten alıp sütü ekleyip karıştırın.
e) Sıcak servis yapın ve lezzetli bir kahvaltı için bu rahatlatıcı Şekerleme Yulaf Ezmesinin tadını çıkarın!

10.Şekerleme Fransız Tostu

İÇİNDEKİLER:

- 4 dilim kalın ekmek (börek veya Teksas tostu gibi)
- 2 büyük yumurta
- 1/2 su bardağı süt
- 1 çay kaşığı vanilya özü
- 1/4 çay kaşığı öğütülmüş tarçın
- Bir tutam tuz
- Pişirmek için tereyağı
- 1/4 bardak şekerleme parçaları
- Servis için akçaağaç şurubu

TALİMATLAR:

a) Sığ bir tabakta yumurtaları, sütü, vanilya özütünü, tarçını ve tuzu birlikte çırpın.

b) Her bir ekmek dilimini yumurta karışımına batırın ve her iki tarafının da iyice kaplanmasını sağlayın.

c) Bir tavayı veya ızgarayı orta ateşte ısıtın ve bir parça tereyağını eritin.

ç) Batırılmış ekmek dilimlerini tavaya yerleştirin ve her iki tarafı da altın rengi kahverengi olana kadar yaklaşık 2-3 dakika pişirin.

d) Pişen Fransız tostunu servis tabaklarına aktarın.

e) Her dilime şeker parçacıkları serpin ve akçaağaç şurubu gezdirin.

f) Sıcak servis yapın ve kahvaltıda bu lezzetli Toffee Fransız Tostu dilimlerinin tadını çıkarın!

11. Şekerleme Yoğurt Parfe

İÇİNDEKİLER:
- 1 bardak Yunan yoğurdu
- 1/4 bardak şekerleme parçaları
- 1/4 bardak granola
- 1/4 su bardağı dilimlenmiş taze meyve (muz, çilek veya şeftali gibi)
- Biraz bal (isteğe bağlı)

TALİMATLAR:
a) Servis bardağına veya kaseye Yunan yoğurtunu, şekerleme parçalarını, granolayı ve dilimlenmiş taze meyveyi katlayın.
b) Bardak veya kase dolana kadar katmanları tekrarlayın.
c) İstenirse bal gezdirilir.
ç) Hemen servis yapın ve kahvaltıda bu basit ama doyurucu Şekerleme Yoğurtlu Parfe'nin tadını çıkarın!

12.Şekerleme Muzlu Krep

İÇİNDEKİLER:
- 1 fincan çok amaçlı un
- 1 yemek kaşığı toz şeker
- 1 çay kaşığı kabartma tozu
- 1/2 çay kaşığı karbonat
- 1/4 çay kaşığı tuz
- 1 bardak ayran
- 1 büyük yumurta
- 2 yemek kaşığı tuzsuz tereyağı, eritilmiş
- 1 olgun muz, püresi
- 1/4 bardak şekerleme parçaları

TALİMATLAR:
a) Büyük bir karıştırma kabında un, şeker, kabartma tozu, kabartma tozu ve tuzu birlikte çırpın.
b) Başka bir kapta ayran, yumurta ve eritilmiş tereyağını iyice birleşene kadar çırpın.
c) Islak malzemeleri kuru malzemelerin içine dökün ve birleşene kadar karıştırın.
ç) Ezilmiş muz ve şekerleme parçalarını katlayın.
d) Tavayı veya ızgarayı orta ateşte ısıtın ve tereyağı veya pişirme spreyi ile hafifçe yağlayın.
e) Her krep için 1/4 bardak hamuru tavaya dökün.
f) Yüzeyde kabarcıklar oluşana kadar pişirin, ardından çevirin ve diğer tarafı altın rengi kahverengi olana kadar pişirin.
g) Akçaağaç şurubu ve üstüne serpilmiş ekstra şekerleme parçalarıyla sıcak olarak servis yapın. Kahvaltıda bu lezzetli Şekerleme Muzlu Kreplerin tadını çıkarın!

13.Şekerleme Kahvaltı Quesadillas

İÇİNDEKİLER:
- 4 büyük un tortillası
- 1 su bardağı rendelenmiş kaşar peyniri
- 1/2 bardak şekerleme parçaları
- Pişirmek için tereyağı
- Daldırma için akçaağaç şurubu

TALİMATLAR:
a) Her tortillanın yarısına rendelenmiş kaşar peyniri ve şekerleme parçalarını eşit şekilde serpin.
b) Dolguyu kapatmak için ekmeği ikiye katlayın.
c) Bir tavayı veya ızgarayı orta ateşte ısıtın ve bir parça tereyağını eritin.
ç) Doldurulmuş tortillaları tavaya yerleştirin ve her iki tarafı altın rengi kahverengi ve çıtır çıtır olana kadar, yarıya kadar çevirerek pişirin.
d) Ateşten alın ve dilimler halinde dilimlemeden önce bir dakika soğumaya bırakın.
e) Daldırma için akçaağaç şurubu ile sıcak servis yapın. Kahvaltıya eğlenceli bir dokunuş katmak için bu eşsiz ve lezzetli Şekerleme Kahvaltı Quesadillas'ın tadını çıkarın!

14.Şekerleme B ayranlı kekler

İÇİNDEKİLER:

- 1 1/2 bardak çok amaçlı un
- 1/2 su bardağı toz şeker
- 1 çay kaşığı kabartma tozu
- 1/2 çay kaşığı karbonat
- 1/4 çay kaşığı tuz
- 1 bardak ayran
- 1/4 bardak tuzsuz tereyağı, eritilmiş
- 1 büyük yumurta
- 1 çay kaşığı vanilya özü
- 1/2 bardak şekerleme parçaları

TALİMATLAR:

a) Fırınınızı 190°C'ye (375°F) önceden ısıtın ve muffin kalıbını kağıt astarlarla kaplayın.

b) Büyük bir karıştırma kabında un, şeker, kabartma tozu, kabartma tozu ve tuzu birlikte çırpın.

c) Başka bir kapta ayran, eritilmiş tereyağı, yumurta ve vanilya özütünü iyice birleşene kadar çırpın.

ç) Islak malzemeleri kuru malzemelerin içine dökün ve birleşene kadar karıştırın.

d) Şekerleme parçalarını katlayın.

e) Hamuru muffin kaplarına eşit şekilde paylaştırın.

f) 18-20 dakika veya ortasına batırdığınız kürdan temiz çıkana kadar pişirin.

g) Servis etmeden önce muffinlerin biraz soğumasını bekleyin. Sabah kahveniz veya çayınızın yanında bu nemli ve lezzetli Şekerleme Kahvaltı Muffinlerinin tadını çıkarın!

15.Şekerleme Karamel Yulaf Ezmesi

İÇİNDEKİLER:
- 1 su bardağı yulaf ezmesi
- 1 3/4 bardak süt (veya daha hafif bir seçenek için su)
- Bir tutam tuz
- 2 yemek kaşığı şekerleme parçaları
- 2 yemek kaşığı karamel sosu
- İsteğe bağlı malzemeler: dilimlenmiş muz, doğranmış fındık, ilave karamel sos

TALİMATLAR:
a) Bir tencerede sütü (veya suyu) ve tuzu kaynatın.
b) Haddelenmiş yulafları karıştırın ve ısıyı azaltıp kaynamaya bırakın.
c) Yulafları paket talimatlarına göre kremsi ve yumuşak oluncaya kadar pişirin.
ç) Pişirdikten sonra şekerleme parçalarını ve karamel sosunu iyice birleşene kadar karıştırın.
d) Üzerine dilimlenmiş muz, doğranmış fındık ve istenirse biraz karamel sosu gezdirerek sıcak olarak servis yapın. Rahatlatıcı bir kahvaltı için bu hoşgörülü Şekerleme Karamelli Yulaf Ezmesinin tadını çıkarın!

16.Şekerleme Badem Granola

İÇİNDEKİLER:

- 3 su bardağı eski moda yulaf
- 1 su bardağı dilimlenmiş badem
- 1/4 bardak şekerleme parçaları
- 1/4 bardak bal
- 2 yemek kaşığı hindistancevizi yağı, eritilmiş
- 1 çay kaşığı vanilya özü
- Bir tutam tuz

TALİMATLAR:

a) Fırınınızı önceden 325°F'ye (160°C) ısıtın ve fırın tepsisini parşömen kağıdıyla kaplayın.

b) Büyük bir karıştırma kabında yulafları, dilimlenmiş bademleri ve şekerleme parçalarını birleştirin.

c) Küçük bir kapta bal, eritilmiş hindistancevizi yağı, vanilya özü ve tuzu birlikte çırpın.

ç) Islak malzemeleri kuru malzemelerin üzerine dökün ve eşit şekilde kaplanana kadar karıştırın.

d) Karışımı hazırlanan fırın tepsisine eşit şekilde yayın.

e) Altın kahverengi ve gevrek olana kadar, yarıya kadar karıştırarak 25-30 dakika pişirin.

f) Granolayı kümelere ayırmadan önce fırın tepsisinde tamamen soğumaya bırakın.

g) Hava geçirmez bir kapta saklayın ve kahvaltıda bu çıtır ve lezzetli Şekerleme Badem Granola'nın tadını yoğurt veya sütle çıkarın!

17.Şekerleme Muzlu Ekmek Muffinler

İÇİNDEKİLER:

- 1 1/2 bardak çok amaçlı un
- 1 çay kaşığı kabartma tozu
- 1/2 çay kaşığı karbonat
- 1/4 çay kaşığı tuz
- 3 olgun muz, püresi
- 1/2 su bardağı toz şeker
- 1/4 bardak tuzsuz tereyağı, eritilmiş
- 1 büyük yumurta
- 1 çay kaşığı vanilya özü
- 1/4 bardak şekerleme parçaları

TALİMATLAR:

a) Fırınınızı önceden 350°F (175°C)'ye ısıtın ve muffin kalıbını kağıt astarlarla kaplayın.

b) Büyük bir karıştırma kabında un, kabartma tozu, kabartma tozu ve tuzu birlikte çırpın.

c) Başka bir kapta, iyice birleşene kadar ezilmiş muz, şeker, eritilmiş tereyağı, yumurta ve vanilya özünü karıştırın.

ç) Islak malzemeleri kuru malzemelerin içine dökün ve birleşene kadar karıştırın.

d) Şekerleme parçalarını katlayın.

e) Hamuru muffin kaplarına eşit şekilde paylaştırın.

f) 18-20 dakika veya ortasına batırdığınız kürdan temiz çıkana kadar pişirin.

g) Servis etmeden önce muffinlerin biraz soğumasını bekleyin. Lezzetli bir kahvaltı veya atıştırmalık olarak bu enfes Şekerleme Muzlu Ekmek Muffinlerinin tadını çıkarın!

18.Şekerleme Elma Kahvaltı Ayakkabıcı

İÇİNDEKİLER:
- 4 bardak dilimlenmiş elma (Granny Smith veya Honeycrisp gibi)
- 1 yemek kaşığı limon suyu
- 1/4 su bardağı toz şeker
- 1/2 çay kaşığı öğütülmüş tarçın
- 1 fincan çok amaçlı un
- 1/2 su bardağı toz şeker
- 1 çay kaşığı kabartma tozu
- 1/4 çay kaşığı tuz
- 1/2 su bardağı tuzsuz tereyağı, eritilmiş
- 1/4 bardak şekerleme parçaları

TALİMATLAR:
a) Fırınınızı önceden 375°F (190°C) ısıtın ve bir pişirme kabını yağlayın.
b) Büyük bir karıştırma kabında dilimlenmiş elmaları limon suyu, toz şeker ve öğütülmüş tarçınla iyice kaplanıncaya kadar karıştırın.
c) Elma karışımını hazırlanan pişirme kabına eşit şekilde yayın.
ç) Başka bir kapta un, toz şeker, kabartma tozu ve tuzu birleştirin.
d) Karışım iri kırıntılara benzeyene kadar eritilmiş tereyağını karıştırın.
e) Şekerleme parçalarını katlayın.
f) Kırıntı karışımını pişirme kabındaki elmaların üzerine eşit şekilde serpin.
g) 30-35 dakika veya üzeri altın rengi kahverengi olana ve elmalar yumuşayana kadar pişirin.
ğ) İsteğe göre bir top vanilyalı dondurma veya bir top krem şanti ile sıcak olarak servis yapın. Rahat bir sabah ikramı için bu lezzetli Şekerleme Elmalı Kahvaltı Ayakkabısının tadını çıkarın!

ATIŞTIRMALIKLAR VE ŞEKERLEME

19. Çikolata-Şekerleme Kraker Crunch

İÇİNDEKİLER:
- 1,5 kollu tuzlu kraker veya 6-8 adet
- matzoh tabakaları (11-x-17 fırın tepsisini doldurmaya yetecek kadar)
- 1 çubuk (8 yemek kaşığı) tereyağı
- 1 su bardağı koyu esmer şeker
- 2 su bardağı bitter çikolata parçacıkları
- 1 çay kaşığı deniz tuzu, ayrıca serpmek için daha fazlası

TALİMATLAR:
a) Fırını önceden 350°F'ye ısıtın. Tuzlu suları astarlı bir fırın tepsisine yerleştirin ve mümkün olduğunca sıkı bir şekilde yerleştirmeye dikkat edin. Kenarlara uyacak veya herhangi bir deliği dolduracak şekilde tuzlu suları kırın. Kırılan parçaları daha sonra kullanmak üzere bir kenara koyun.

b) Küçük bir tencerede tereyağı ve şekeri orta ateşte, ara sıra karıştırarak karamelin yanmaması için eritin. Karameli kaynayana kadar ısıtın ve 2 dakika kaynatın. Tuzu karıştırın ve krakerlerin üzerine dökün, ısıya dayanıklı bir spatula ile gözden kaçan noktaları kapatacak şekilde yayın (şekerleme çok çabuk koyulaşır, bu yüzden bunu hızlı yaptığınızdan emin olun).

c) Şekerleme krakerlerini, şekerleme köpürene kadar 10 dakika pişirin. Fırından çıkarıp 1 dakika soğutun.

ç) Sıcak şekerlemenin üzerine çikolata parçacıklarını serpin. Erimeye başlayana kadar birkaç dakika bekletin. Çikolatayı şekerlemenin üzerine eşit bir tabaka halinde yayın. Arta kalan tuzlu su parçalarını küçük kırıntılar halinde ezin (veya 5-7 tuzlu su parçasını kırıntılara kadar ezin) ve sıcakken çikolatanın üzerine serpin. Çikolatanın üzerine biraz deniz tuzu da serpebilirsiniz.

d) Çikolata sertleşene kadar krakerleri soğutun.

e) Parçalara bölün ve bir haftaya kadar hava geçirmez bir kapta saklayın.

20.Karamelli Ceviz Barlar

İÇİNDEKİLER:

- 1 kutu çikolatalı kek karışımı
- 3 yemek kaşığı tereyağı yumuşatılmış
- 1 yumurta
- 14 ons şekerli yoğunlaştırılmış süt
- 1 yumurta
- 1 çay kaşığı saf vanilya özü
- 1/2 su bardağı ince çekilmiş ceviz
- 1/2 bardak ince öğütülmüş şekerleme parçaları

TALİMATLAR:

a) Fırını 350 dereceye kadar ısıtın.

b) Dikdörtgen kek kalıbını pişirme spreyi ile hazırlayın ve bir kenara koyun.

c) Kek karışımını, tereyağını ve bir yumurtayı bir karıştırma kabında birleştirin ve ufalanana kadar karıştırın.

ç) Karışımı hazırlanan tavanın tabanına bastırın ve bir kenara koyun.

d) Başka bir karıştırma kabında sütü, kalan yumurtayı, özü, cevizi ve şekerleme parçalarını birleştirin.

e) İyice karıştırın ve tavadaki tabanın üzerine dökün.

g) 35 dakika pişirin.

21.Şekerleme Kaju Hazineleri

İÇİNDEKİLER:

- 1 bardak tereyağı, yumuşatılmış
- 1 su bardağı şeker
- 1 su bardağı paketlenmiş esmer şeker
- 2 yumurta
- 1 çay kaşığı vanilya özü
- 2 fincan çok amaçlı un
- 2 su bardağı eski moda yulaf
- 1 çay kaşığı karbonat
- 1/2 çay kaşığı kabartma tozu
- 1/2 çay kaşığı tuz
- 1 su bardağı şekerli kıyılmış hindistan cevizi
- 1 bardak sütlü çikolata İngiliz şekerleme parçaları veya tuğla şekerleme parçaları
- 1 bardak kıyılmış kaju fıstığı, kızartılmış

TALİMATLAR:

a) Büyük bir kapta şekeri ve tereyağını kabarık ve hafif oluncaya kadar kremalayın. Yumurtaları teker teker ekleyin ve her eklemeden sonra iyice çırpın. Vanilyayı çırpın.

b) Tuz, kabartma tozu, kabartma tozu, yulaf ve unu karıştırın; yavaş yavaş kremalı karışıma ekleyin ve iyice birleştirin. Malzemelerin geri kalanını karıştırın.

c) Yağlanmamış fırın tepsilerine, 3 inç aralıklarla yuvarlak yemek kaşığı dolusu damlatın. 350°'de hafifçe kızarıncaya kadar, 12 ila 14 dakika pişirin.

ç) Tel raflara çıkarmadan önce 2 dakika soğumaya bırakın.

22.Şekerleme Tahıl Barları

İÇİNDEKİLER:

- 2 su bardağı yulaf ezmesi
- 1 su bardağı çıtır pirinç gevreği
- 1/2 bardak şekerleme parçaları
- 1/2 su bardağı kıyılmış fındık (badem veya ceviz gibi)
- 1/2 bardak bal
- 1/2 bardak kremalı fıstık ezmesi
- 1 çay kaşığı vanilya özü

TALİMATLAR:

a) Fırınınızı önceden 350°F (175°C)'ye ısıtın ve fırın tepsisini parşömen kağıdıyla kaplayın.

b) Büyük bir karıştırma kabında, yulaf ezmesini, çıtır pirinç gevreğini, şekerleme parçalarını ve doğranmış fındıkları birleştirin.

c) Küçük bir tencerede bal ve fıstık ezmesini orta ateşte eriyene ve iyice birleşene kadar ısıtın.

ç) Ateşten alın ve vanilya özütünü ekleyerek karıştırın.

d) Bal-fıstık ezmesi karışımını kuru malzemelerin üzerine dökün ve eşit şekilde kaplanana kadar karıştırın.

e) Karışımı hazırlanan pişirme kabına sıkıca bastırın.

f) 15-20 dakika veya altın rengi kahverengi olana kadar pişirin.

g) Çubuklara kesmeden önce tamamen soğumasını bekleyin. Hareket halindeyken bu çıtır ve doyurucu Toffee Kahvaltı Barlarının tadını çıkarın!

23.Toblerone şekerleme çubukları

İÇİNDEKİLER:
- 1 bardak Tereyağı
- 1 su bardağı esmer şeker
- 1 yumurta
- 1 yemek kaşığı Vanilya
- 2 bardak un
- ½ çay kaşığı Tuz
- 6 Toblerone çubuğu
- Fındık

TALİMATLAR:
a) Krem tereyağı; şeker ekle; Hafif ve kabarık olana kadar krema.
b) Yumurta ve vanilyayı, unu ve tuzu ekleyin. İyice karıştırın. Yağlanmış ve unlanmış 10 x 15 inçlik bir tavaya yayın.
c) 350 derecede 10 dakika pişirin.
ç) Fırından çıkarın ve toblerone çubuklarını üstüne yerleştirin.
d) Çubuklar eriyince fırına dönün.
e) Fındık serpin ve çubuklar halinde kesin.

24.Badem Şekerleme Patlamış Mısır

İÇİNDEKİLER:

- 1 su bardağı Şeker
- ½ bardak Tereyağı
- ½ bardak Beyaz mısır şurubu
- ¼ bardak Su
- 1 su bardağı Badem; doğranmış ve kızartılmış
- ½ çay kaşığı Vanilya
- ½ bardak patlamış mısır patladı

TALİMATLAR:

a) Ağır tencerede şekeri, tereyağını, mısır şurubunu, suyu ve bademleri birleştirin.
b) Şeker termometresinde 280°'ye kadar orta ateşte pişirin.
c) Vanilyayı ekleyin. İyice karıştırıp patlamış mısırın üzerine dökün.

25.Hershey'nin şekerleme çubukları

İÇİNDEKİLER:

- 1 bardak Tereyağı
- 1 su bardağı esmer şeker
- 1 yumurta
- 1 yemek kaşığı Vanilya
- 2 bardak un
- ½ çay kaşığı Tuz
- 6 Hershey barı
- Fındık

TALİMATLAR:

a) Krem tereyağı; şeker ekle; Hafif ve kabarık olana kadar krema.
b) Yumurta ve vanilyayı, unu ve tuzu ekleyin. İyice karıştırın. Yağlanmış ve unlanmış 10 x 15 inçlik bir tavaya yayın.
c) 350 derecede 10 dakika pişirin.
ç) Fırından çıkarın ve Hershey's barlarını üstüne yerleştirin.
d) Çubuklar eridiğinde fırına koyun ve yayın.
e) Fındık serpin. Çubuklar halinde kesin.

26.Espresso Drizzle ile Banoffee Kurabiyeleri

İÇİNDEKİLER:
KURABİYE:
- 1 su bardağı yulaf ezmesi
- ¾ su bardağı badem unu
- 1 çay kaşığı öğütülmüş espresso tozu
- ½ çay kaşığı öğütülmüş tarçın
- ½ çay kaşığı karbonat
- ¼ çay kaşığı koşer tuzu
- 1 büyük yumurta
- ¼ fincan sızma zeytinyağı
- 2 yemek kaşığı turbinado şekeri
- 2 muz (1 püresi, 1 dilimlenmiş)

ESPRESSO BADEM TEREYAĞI SIRASI:
- 2 yemek kaşığı pürüzsüz badem ezmesi
- 2 yemek kaşığı sıcak espresso veya güçlü sıcak kahve
- 2 yemek kaşığı turbinado şekeri

TALİMATLAR:
KURABİYE:
a) Fırını önceden 350°F'ye ısıtın. Büyük bir fırın tepsisini parşömen kağıdıyla hizalayın.
b) Büyük bir karıştırma kabında yulaf, badem unu, espresso tozu, tarçın, kabartma tozu ve tuzu birleştirin.
c) Daha küçük bir karıştırma kabında yumurtayı hafifçe çırpın. Yumurtaya yağı, şekeri, 1 adet ezilmiş muzu, badem ezmesini ve vanilya özünü ekleyin ve iyice birleşene kadar çırpın.
ç) Sıvı malzemeleri kuru olana dökün ve karışana kadar çırpın. 1 dilimlenmiş muzu, cevizi (isteğe bağlı) ve kuru üzümleri (isteğe bağlı) ekleyin.
d) Sekiz büyük kurabiye yapmak için hamuru, yemek kaşığı yığın halinde hazırlanan fırın tepsisine bırakın. Çerezleri 2 inç aralıklarla yerleştirin ve parmaklarınızı kullanarak onları yuvarlak hale getirin.
e) Kurabiyeleri altın kahverengi olana kadar 13 ila 15 dakika pişirin. Kurabiyeleri fırın tepsisinde 5 dakika bekletin, ardından tamamen soğuması için tel rafa aktarın.
ESPRESSO BADEM TEREYAĞI SIRASI:
f) Küçük bir karıştırma kabında badem ezmesini, sıcak espresso veya kahveyi ve şekeri pürüzsüz hale gelinceye kadar çırpın.
g) Karışımı plastik bir sandviç poşetine aktarın ve köşelerden birinden küçük bir uç keserek sıkma poşeti yapın.
ğ) Kurabiyelerin üzerine kremayı gezdirin.
h) Kurabiyeler hava geçirmez bir kapta 1 gün, buzdolabında ise 3 güne kadar saklanabilir.

27. Banoffee Pie Isırmaları

İÇİNDEKİLER:

KABUK:
- 1 bardak graham kraker kırıntısı (yaklaşık 8 tam sayfa)
- 4 yemek kaşığı tereyağı, eritilmiş

DOLGU:
- 16 medjool hurması, çekirdekleri çıkarılmış
- ½ çay kaşığı tuz
- 1 çay kaşığı vanilya özü
- ¾ su bardağı süt (gerekirse yarım su bardağı kadar daha ilave edebilirsiniz)

SÜSLEME:
- 2 orta boy muz, dilimlenmiş
- 1 su bardağı krem şanti (ne kadar kalın olursa o kadar iyi)
- ½ su bardağı çikolata rendesi (isteğe bağlı)

TALİMATLAR:

KABUK:

a) Fırını önceden 350°F'ye ısıtın.

b) Bir mutfak robotuna graham krakerlerini ekleyin ve ince kırıntılar oluşana ve tüm parçalar ufalanana kadar nabız atın. Eritilmiş tereyağını ekleyin ve birleşene kadar nabız atın.

c) Her mini muffin kabına karışımdan 1 yemek kaşığı koyun. Bir kabuk oluşana kadar tabana ve yanlara sıkıca bastırın. 6 ila 8 dakika veya ayarlanana kadar pişirin.

DOLGU:

ç) Tüm malzemeleri bir mutfak robotuna ekleyin ve karışım pürüzsüz hale gelinceye ve tespit edilebilecek hurma parçacıkları kalmayana kadar karıştırın. Karışım çok kalınsa, bir seferde 1-2 yemek kaşığı daha fazla süt ekleyin.

d) Her bir graham kraker bardağına 1-2 yemek kaşığı karamel karışımı dökün. Karamel üzerine bir muz dilimi yerleştirin.

SÜSLEME:

e) Her Banoffee bardağının üstüne çırpılmış kremayı sıkın. Çikolata parçacıklarını serpin ve garnitür olarak çırpılmış kremanın içine ½ muz dilimini dikey olarak ekleyin.

f) Hemen servis yapmayacaksanız, kararmayı önlemek için servise hazır olana kadar son muz dilimini eklemeyi bekleyin.

28.Choc Banoffee Filo Yığını

İÇİNDEKİLER:

- 45 gr (¼ bardak) fındık, ince doğranmış, ayrıca servis için ekstra
- 2 çay kaşığı hindistan cevizi veya esmer şeker
- ½ çay kaşığı öğütülmüş tarçın
- 8 yaprak yufka
- 375g küvet pürüzsüz ricotta
- 2 x 150g küvet Vanilya Fasulyesi Frûche
- 2 çay kaşığı vanilya özü
- 1 limon, kabuğu ince rendelenmiş
- 2 çay kaşığı kakao tozu
- 3 büyük muz, ince dilimlenmiş
- Üzerine serpmek için kakao parçacıkları
- Hindistan cevizi şurubu, servis için

TALİMATLAR:

a) Fırını fan gücüyle 190C/170C'ye önceden ısıtın. Fındık, şeker ve tarçını bir kasede birleştirin. 3 fırın tepsisini pişirme kağıdıyla kaplayın.

b) Bir parça yufkayı çalışma yüzeyine yerleştirin ve üzerine yağ püskürtün. Biraz fındık karışımı serpin. Üzerine başka bir filo yaprağı yerleştirin. 4 katman elde edene kadar yağ, fındık karışımı ve filo ile katmanlamaya devam edin. 4 katmandan oluşan başka bir yığın oluşturmak için kalan yufka, yağ ve fındık karışımıyla aynı işlemi tekrarlayın. Her yığını 12 kareye kesin ve hazırlanan tepsilere yerleştirin. 10 dakika veya altın rengi oluncaya kadar pişirin. Soğumaya bırakın.

c) Ricotta, Frûche, vanilya ve limon kabuğunu bir kasede birleştirin. Karışımı 2 kaseye paylaştırın. 1 kaseye kakao ekleyin ve birleştirmek için karıştırın. Karışımları hafifçe birbirine karıştırın. Üstteki 4 karede biraz ricotta karışımı, muz, kakao parçacıkları ve ekstra fındık var. Üstteki kareleri üst üste istifleyin. Toplamda 6 yığın oluşturmak için kalan malzemelerle aynı işlemi tekrarlayın.

ç) Hindistan cevizi şurubu ile gezdirin. Derhal servis yapın.

29. Banoffee Tartlets

İÇİNDEKİLER:

TARTLET HAMURU:
- 56g (¼ bardak) tuzsuz tereyağı, oda sıcaklığında
- 50 gr (¼ su bardağı) toz şeker
- 1 büyük yumurta sarısı, oda sıcaklığında
- 94g (¾ bardak) çok amaçlı un
- ¼ çay kaşığı tuz

KARAMEL SOSU:
- 1 su bardağı (200 gr) toz şeker
- ½ bardak (113g) tuzsuz tereyağı, küp şeklinde
- ½ çay kaşığı tuz
- 1½ çay kaşığı saf vanilya özü
- 1 su bardağı (240ml) krema, oda sıcaklığında

TOPLANTI:
- 1 muz, dilimler halinde kesilmiş
- 1 su bardağı krem şanti
- Birkaç çikolata buklesi veya talaşı

TALİMATLAR:

TARTLET HAMURU:

a) Geniş bir kapta tuzsuz tereyağını ve toz şekeri krema kıvamına gelinceye kadar çırpın.
b) Yumurta sarısını ekleyin ve birleşene kadar çırpın.
c) Ayrı bir kapta çok amaçlı un ve tuzu karıştırın.
ç) Kuru malzemeleri ıslak malzemelere ekleyin ve ufalanana kadar karıştırın.
d) Hamuru pürüzsüz hale gelinceye kadar yoğurun, ardından buzdolabında en az 30 dakika veya gece boyunca soğutun.
e) Fırınınızı önceden 350°F'ye (177°C) ısıtın ve üç tartlet kalıbını yağlayın.
f) Hamuru açın ve tartlet kalıplarına dizin.
g) Tartletleri altın rengi kahverengi olana kadar kör fırında pişirin.
ğ) Kabukları tavadan çıkarmadan önce tamamen soğumasını bekleyin.

KARAMEL SOSU:

h) Ağır dipli bir tencerede, şekeri orta-düşük ateşte eritin.

ı) Tüm şeker eriyene kadar sürekli karıştırın.
i) Tereyağı küplerini ikişer ikişer ekleyin ve kuvvetlice karıştırın.
j) Tuz ve vanilyayı ekleyip iyice karıştırın.
k) Kremayı yavaş yavaş ekleyerek kuvvetlice karıştırın.
l) Karameli bir cam kavanoza aktarın ve tamamen soğumasını bekleyin.

TOPLANTI:
m) Tartletlerin tabanına bir kaşık dolusu karamel sos ekleyin.
n) Muz dilimleri ile doldurun.
o) Çırpılmış kremayı ve çikolata parçacıklarını ekleyin.
ö) Servis yapmadan önce soğutun.

30.Banoffee Kapkekler

İÇİNDEKİLER:
KUPAKLAR İÇİN:
- 1 ½ su bardağı çok amaçlı un
- 1 ½ çay kaşığı kabartma tozu
- ½ çay kaşığı karbonat
- ¼ çay kaşığı tuz
- ½ bardak tuzsuz tereyağı, yumuşatılmış
- ½ su bardağı toz şeker
- 2 adet olgun muz, püresi
- 2 büyük yumurta
- 1 çay kaşığı vanilya özü
- ½ bardak tam yağlı süt

ŞEKERLEME SOSU İÇİN:
- ½ su bardağı tuzsuz tereyağı
- 1 su bardağı esmer şeker
- ½ bardak ağır krema
- ¼ çay kaşığı tuz
- 1 çay kaşığı vanilya özü

ÜSTÜ İÇİN:
- 2 adet olgun muz, dilimlenmiş
- Krem şanti
- Çikolata talaşı

TALİMATLAR:
KUPAKLAR İÇİN:

a) Fırınınızı önceden 350°F'ye (175°C) ısıtın ve muffin kalıbını kek kalıplarıyla kaplayın.

b) Bir kapta un, kabartma tozu, kabartma tozu ve tuzu birlikte çırpın. Bir kenara koyun.

c) Başka bir kapta yumuşatılmış tereyağını ve toz şekeri hafif ve kabarıncaya kadar krema haline getirin.

ç) Tereyağı-şeker karışımına ezilmiş muzları, yumurtaları ve vanilya özünü ekleyin. İyice birleşene kadar karıştırın.

d) Kuru malzemeleri yavaş yavaş sütle dönüşümlü olarak muz karışımına ekleyin. Kuru malzemelerle başlayın ve bitirin. Birleşene kadar karıştırın.

e) Cupcake hamurunu cupcake kağıtlarının arasına eşit şekilde paylaştırın.
f) Önceden ısıtılmış fırında yaklaşık 18-20 dakika veya kekin içine batırdığınız kürdan temiz çıkana kadar pişirin.
g) Tamamen soğumaları için bir tel rafa aktarmadan önce keklerin tavada birkaç dakika soğumasını bekleyin.

ŞEKERLEME SOSU İÇİN:
ğ) Bir tencerede orta ateşte tereyağını eritin.
h) Esmer şekeri ekleyip sürekli karıştırarak şeker eriyene kadar pişirin.
ı) Ağır kremayı dökün ve iyice karıştırın.
i) Karışımın hafifçe kaynamasına izin verin, ardından ocaktan alın.
j) Tuz ve vanilya özütünü ekleyip karıştırın. Şekerleme sosunu soğumaya bırakın.
k) Toplantı:
l) Kekler ve şekerleme sosu soğuduktan sonra, her kekin üzerine bol miktarda şekerleme sosunu kaşıkla dökün.
m) Muz dilimlerini şekerleme sosunun üzerine yerleştirin.
n) Bir parça çırpılmış krema ve bir tutam çikolata talaşı ile bitirin.

31. Dondurulmuş Banoffee İkramları

İÇİNDEKİLER:
- 1 büyük muz
- ¼ fincan çikolatalı şekerleme parçaları
- 1 su bardağı karamel cipsi
- 1 çay kaşığı organik hindistancevizi yağı

TALİMATLAR:
a) Muzu soyun ve ikiye bölün.
b) Lolipop çubuklarını ¾ yukarıya çıkacak şekilde yerleştirin.
c) Katılaşana kadar balmumu kağıdıyla kaplı bir kurabiye kağıdı üzerinde dondurun.
ç) ¼ fincan çikolata kaplı şekerleme parçalarının yayıldığı ve kullanıma hazır olduğu küçük bir tabak hazırlayın.
d) Kaynama noktasına su ile çift kazan kurun. Üzerine metal bir karıştırma kabı yerleştirin ve 1 bardak karamel parçasını yavaşça eritin. Erimeye başladıklarında 1 çay kaşığı hindistancevizi yağını ekleyin ve pürüzsüz bir kıvam alana kadar karıştırın. Ateşten alın.
e) Karamel karışımını donmuş muzun üzerine kaşıkla dökün (çabuk sertleştiği için her seferinde ¼-½ muzla çalışın) ve şekerleme parçalarına batırın. Muz kaplanana kadar tekrarlayın.
f) Tekrar yağlı kağıt serili kurabiye kalıbına yerleştirin ve 10 dakika kadar dondurun. Hemen servis yapılırsa gitmeye hazırdırlar. Daha sonra servis yapacaksanız, her birini plastik ambalaja sarın ve dondurucuya dayanıklı bir torbaya koyun.

32.Graham Krakerli Banoffee Dip

İÇİNDEKİLER:

- 1 su bardağı olgun muz, püresi
- 1 su bardağı krem peynir, yumuşatılmış
- ½ fincan şekerleme parçaları
- ¼ su bardağı kıyılmış ceviz
- Daldırma için Graham krakerleri

TALİMATLAR:

a) Bir kapta ezilmiş muzları ve yumuşatılmış krem peyniri pürüzsüz hale gelene kadar birleştirin.

b) Şekerleme parçalarını ve kıyılmış cevizleri katlayın.

c) Lezzetli bir tatlı atıştırmalık için Banoffee dip sosunu graham krakerleriyle birlikte servis edin.

33.Banoffee Enerji Isırmaları

İÇİNDEKİLER:
- 1 su bardağı yulaf ezmesi
- ½ bardak olgun muz, püresi
- ¼ bardak badem ezmesi
- ¼ bardak şekerleme parçaları
- 1 yemek kaşığı bal
- Yuvarlamak için rendelenmiş hindistan cevizi (isteğe bağlı)

TALİMATLAR:

a) Bir kasede yulaf ezmesini, muz püresini, badem ezmesini, şekerleme parçalarını ve balı karıştırın.

b) Karışımı lokma büyüklüğünde toplar halinde yuvarlayın. İsteğe bağlı olarak her topu rendelenmiş hindistan cevizine bulayın.

c) Servis yapmadan önce en az 30 dakika buzdolabında saklayın.

34.Banoffee Patlamış Mısır Karışımı

İÇİNDEKİLER:

- 6 su bardağı patlamış mısır
- ½ fincan şekerleme parçaları
- ½ bardak kurutulmuş muz cipsi
- ¼ bardak eritilmiş çikolata (sütlü veya bitter)
- ¼ bardak kıyılmış fıstık

TALİMATLAR:

a) Büyük bir kapta patlamış mısır, şekerleme parçaları, kurutulmuş muz cipsi ve doğranmış fıstıkları birleştirin.

b) Karışımın üzerine eritilmiş çikolatayı gezdirin ve her şey eşit şekilde kaplanana kadar fırlatın.

c) Çikolatanın donmasını sağlamak için karışımı bir fırın tepsisine yayın. Kümelere ayrılın ve tadını çıkarın!

35.Banoffee Bruschetta Isırmaları

İÇİNDEKİLER:

- Baget dilimleri, kızarmış
- Mascarpone peyniri
- Olgun muz, ince dilimlenmiş
- Üzerine sürmek için şekerleme sosu
- Süslemek için taze nane yaprakları

TALİMATLAR:

a) Her kızarmış baget diliminin üzerine bir kat mascarpone sürün.
b) Üzerini ince dilimlenmiş muzlarla süsleyin.
c) Şekerleme sosunu gezdirin ve taze nane yapraklarıyla süsleyin.
Enfes Banoffee bruschetta ısırıkları olarak servis yapın.

36.Banoffee Granola Barları

İÇİNDEKİLER:

- 2 su bardağı yulaf ezmesi
- 1 su bardağı ezilmiş olgun muz
- ½ bardak badem ezmesi
- ¼ bardak bal
- ¼ bardak şekerleme parçaları
- ¼ bardak doğranmış kurutulmuş muz

TALİMATLAR:

a) Bir kapta yulaf ezmesini, muz püresini, badem ezmesini, balı, şekerleme parçacıklarını ve doğranmış kurutulmuş muzları karıştırın.

b) Karışımı astarlı bir pişirme kabına bastırın ve sertleşinceye kadar buzdolabında saklayın.

c) Barlara bölün ve bu Banoffee aromalı granola ikramlarının tadını çıkarın.

37.Banoffee S'mores Isırmaları

İÇİNDEKİLER:
- Graham krakerleri karelere bölünmüş
- Olgun muz dilimleri
- Marshmallow, kızartılmış
- Sütlü çikolata kareleri
- Üzerine sürmek için şekerleme sosu

TALİMATLAR:
a) Graham kraker karesine bir dilim muz yerleştirin.
b) Bir marshmelovu kızartın ve muzun üzerine koyun.
c) Bir kare sütlü çikolata ekleyin ve şekerleme sosunu gezdirin. Üstüne başka bir graham kraker karesi koyun.

38.Banoffee Cheesecake Barları

İÇİNDEKİLER:
KABUĞU İÇİN:
- 1,5 su bardağı ezilmiş bisküvi
- ½ bardak tuzsuz tereyağı, eritilmiş

CHEESECAKE DOLGUSU İÇİN:
- 16 ons krem peynir, yumuşatılmış
- ½ su bardağı toz şeker
- 2 adet olgun muz, püresi
- 2 büyük yumurta
- ¼ bardak çok amaçlı un
- ¼ bardak ağır krema
- 1 çay kaşığı vanilya özü

ÜSTÜ İÇİN:
- Şekerleme sosu
- Dilimlenmiş muz

TALİMATLAR:
a) Fırını 325°F'ye (163°C) önceden ısıtın. Bir fırın tepsisini yağlayın ve parşömen kağıdıyla hizalayın.

b) Bir kapta ezilmiş bisküvileri ve eritilmiş tereyağını birleştirin. Kabuğu oluşturmak için hazırlanan yemeğin altına bastırın.

c) Başka bir kapta krem peyniri ve şekeri pürüzsüz olana kadar çırpın. Ezilmiş muz, yumurta, un, krema ve vanilya özünü ekleyin. İyice birleşene kadar karıştırın.

ç) Cheesecake karışımını hamurun üzerine dökün.

d) Yaklaşık 40-45 dakika veya ortası sertleşene kadar pişirin.

e) Soğumaya bırakın, ardından birkaç saat buzdolabında saklayın.

f) Servis yapmadan önce üzerine şekerleme sosu gezdirin ve üzerine dilimlenmiş muz ekleyin.

39.CandiQuik Kovboy Kabuğu

İÇİNDEKİLER:
- 1 paket CandiQuik (vanilya aromalı şeker kaplama)
- 1 su bardağı mini kraker
- 1 bardak tuzlu kraker, parçalara ayrılmış
- ½ fincan şekerleme parçaları
- ½ su bardağı kavrulmuş ve tuzlanmış fıstık
- ¼ bardak mini çikolata parçaları
- ¼ su bardağı sütlü çikolata parçaları
- Serpmek için deniz tuzu (isteğe bağlı)

TALİMATLAR:
a) Bir fırın tepsisini parşömen kağıdıyla hizalayın.
b) CandiQuik'i parçalara ayırın ve ısıya dayanıklı bir kaseye yerleştirin. CandiQuik'i paket talimatlarına göre eritin. Genellikle bu, tamamen eriyene kadar 30 saniyelik aralıklarla mikrodalgada ısıtılmasını içerir.
c) Büyük bir karıştırma kabında mini simitleri, tuzlu krakerleri, şekerleme parçalarını, kavrulmuş fıstıkları, mini çikolata parçacıklarını ve sütlü çikolata parçacıklarını birleştirin.
ç) Eritilmiş CandiQuik'i kuru malzemelerin üzerine dökün ve her şey iyice kaplanana kadar karıştırın.
d) Karışımı hazırlanan fırın tepsisine eşit şekilde yayın.
e) İsteğe bağlı: Tatlı ve tuzlu lezzet kontrastı için üstüne biraz deniz tuzu serpin.
f) Kovboy Kabuğunun tamamen soğumasına ve sertleşmesine izin verin. Buzdolabına koyarak bu işlemi hızlandırabilirsiniz.
g) Tamamen sertleştikten sonra Kovboy Kabuğunu ısırık büyüklüğünde parçalara ayırın.
ğ) Kovboy Kabuğunu oda sıcaklığında hava geçirmez bir kapta saklayın.

40.Çikolatalı şekerleme

İÇİNDEKİLER:
- 1 bardak hurma, çekirdekleri çıkarılmış
- 1 su bardağı hindistan cevizi yağı
- 1/2 su bardağı su
- 1/2 bardak kakao tozu
- 1 çay kaşığı vanilya tozu
- 1 tutam tuz

TALİMATLAR:

a) Hurmaları suyla kaplayıp yumuşamasını bekleyin. Bu işlemi hızlandırmak için ılık su kullanın.

b) Her şeyi bir mutfak robotuna koyun ve pürüzsüz ve karışıncaya kadar S-Blade ile işleyin. Bu 20 dakika kadar sürer ve zaman ayırmaya değer.

c) Sığ bir kaseye dökün ve buzdolabında bekletin.

ç) Yaklaşık 3-4 saat sonra karelere kesin.

d) Bunları buzdolabında hava geçirmez bir kapta saklayın.

41.Tarçınlı şekerleme çubukları

İÇİNDEKİLER:

- 1 su bardağı Tuzsuz tereyağı, yumuşatılmış
- 1 su bardağı paketlenmiş esmer şeker
- 1 yumurta
- 1 çay kaşığı Vanilya
- 2 yemek kaşığı Öğütülmüş tarçın
- ½ çay kaşığı Tuz
- 2 fincan çok amaçlı un
- 1 Yumurta akı, çırpılmış
- 6 yemek kaşığı Tereyağı, soğuk
- ¾ bardak Çok amaçlı un
- ¾ bardak Şeker
- Süslemek için renkli şeker

TALİMATLAR:

a) Fırını 375 dereceye ısıtın. 15 x 10 inçlik jöle rulo tavasını yağlayın. Karıştırma kabında tereyağını, şekeri, yumurtayı ve vanilyayı krema haline getirin. Tarçın ve tuzu karıştırın.

b) Unu azar azar ekleyin. İyice karıştırın. Yağlı kağıtla ¼ inç kalınlığa kadar tavaya bastırın.

c) Çırpılmış yumurta beyazını hamurun üzerine sürün. Streusel malzemelerini mutfak robotunda birleştirin. Tereyağı eşit şekilde karışana kadar işlem yapın. Hamurun üzerine streusel serpin. 20 dakika pişirin. Tel ızgara üzerinde 15 dakika soğutun. Hala sıcakken 2 x 1½ inçlik çubuklar halinde kesin.

42.İngiliz Pub Şekerlemesi

İÇİNDEKİLER:

- 1 ½ su bardağı tereyağı, küp şeklinde kesilmiş
- 2 su bardağı toz şeker
- ¼ çay kaşığı tuz
- 2 yemek kaşığı bira
- 2 su bardağı bitter çikolata parçacıkları
- 2 bardak kraker, hafifçe ezilmiş

TALİMATLAR:

a) Fırın tepsisini parşömen kağıdı veya Silpat ile kaplayın.
b) Yüksek ateşte bir tencereye tereyağı şekeri, tuz ve birayı ekleyin. Tereyağı eriyene kadar sürekli karıştırın.
c) Kenarına bir pişirme termometresi klipsleyin, ara sıra karıştırarak şeker 300F'ye ulaşana kadar pişirin.
ç) Hazırlanan tavaya dökün. Yaklaşık 2 dakika soğumaya bırakın, üzerine çikolata parçacıkları serpin.
d) Sıcak şekerleme çikolata parçacıklarını erittikten sonra çikolatayı ofset bir spatula ile eşit şekilde dağıtın. Pastırma ve simit serpin.
e) Oda sıcaklığına soğuttuktan sonra buzdolabına koyun ve 2 saat soğutun.
f) Servis yapmadan önce parçalara ayırın.

43. Şekerlenmiş pastırma şekerleme kareleri

İÇİNDEKİLER:
- 8 dilim pastırma
- ¼ fincan açık kahverengi şeker, sıkıca paketlenmiş
- 8 yemek kaşığı tereyağı, yumuşatılmış
- 2 yemek kaşığı tuzsuz tereyağı, yumuşatılmış
- ⅓ bardak koyu kahverengi şeker, sıkıca paketlenmiş
- ⅓ bardak şekerleme şekeri
- 1½ su bardağı İrmik unu
- ½ çay kaşığı tuz
- ½ fincan şekerleme parçaları
- 1 su bardağı bitter çikolata parçacıkları
- ⅓ su bardağı kıyılmış badem

TALİMATLAR:

a) Fırını 350°F'ye (180°C) ısıtın. Orta boy bir kapta pastırma ve açık kahverengi şekeri atın ve fırın tepsisine tek kat halinde yerleştirin.

b) 20 ila 25 dakika veya pastırma altın ve gevrek oluncaya kadar pişirin. Fırından çıkarın ve 15 ila 20 dakika soğumaya bırakın. Küçük parçalar halinde doğrayın.

c) Fırın sıcaklığını 340°F'ye (171°C) düşürün. 9 × 13 inç (23 × 33 cm) fırın tepsisini alüminyum folyo ile kaplayın, yapışmaz pişirme spreyi püskürtün ve bir kenara koyun.

ç) Büyük bir kapta tereyağını, tuzsuz tereyağını, koyu kahverengi şekeri ve şekerleme şekerini elektrikli karıştırıcıyla orta hızda hafif ve kabarık olana kadar karıştırın. İrmik ununu ve tuzu yavaş yavaş ekleyerek birleşene kadar karıştırın. Eşit şekilde dağıtılana kadar ¼ fincan şekerleme parçalarını karıştırın.

d) Hamuru hazırlanan tavaya bastırın ve 25 dakika veya altın kahverengi olana kadar pişirin. Fırından çıkarın, üzerine bitter çikolata parçacıkları serpin ve 3 dakika veya cipsler yumuşayana kadar bekletin.

e) Yumuşatılmış çikolatayı üstüne eşit şekilde yayın ve üzerine badem, pastırma şekerlemesi ve kalan ¼ fincan şekerleme parçalarını serpin. 2 saat veya çikolata donuncaya kadar soğumaya bırakın. 16 adet 2 inç (5 cm) kareye kesin.

f) Depolama: Hava geçirmez bir kapta buzdolabında 1 haftaya kadar saklayın.

44.Şekerleme Pretzel Çubukları

İÇİNDEKİLER:

- 12 çubuk kraker çubuğu
- 1 su bardağı sütlü çikolata parçacıkları
- 1/2 bardak şekerleme parçaları
- Çeşitli serpinler veya kıyılmış fındık (isteğe bağlı)

TALİMATLAR:

a) Bir fırın tepsisini parşömen kağıdıyla hizalayın.

b) Mikrodalgaya dayanıklı bir kapta sütlü çikolata parçacıklarını 30 saniyelik aralıklarla, pürüzsüz hale gelinceye kadar arada karıştırarak eritin.

c) Her bir çubuk kraker çubuğunu, eşit şekilde kaplamak için bir kaşık kullanarak eritilmiş çikolataya batırın.

ç) Fazla çikolatanın damlamasını bekleyin, ardından kaplanmış çubuk kraker çubuğunu hazırlanan fırın tepsisine yerleştirin.

d) Şekerleme parçalarını hemen çikolata kaplamanın üzerine serpin ve yapışması için hafifçe bastırın.

e) İstenirse, daha fazla doku ve lezzet için çeşitli serpintiler veya doğranmış fındık serpin.

f) Çikolatanın donmasını sağlamak için fırın tepsisini yaklaşık 15 dakika buzdolabına yerleştirin.

g) Ayarlandıktan sonra şekerleme çubuk kraker çubuklarını oda sıcaklığında hava geçirmez bir kapta saklayın. Lezzetli bir atıştırmalık olarak bu tatlı ve tuzlu ikramların tadını çıkarın!

TATLI

45.Romlu Karamel Soslu Yapışkan Toffee Puding

İÇİNDEKİLER:
KEK:
- 170g tereyağı
- 280g demerara şekeri
- 4 yumurta
- 2 çay kaşığı vanilya özü
- 1 ½ yemek kaşığı pekmez
- 350g kendiliğinden kabaran un
- 2 çay kaşığı bikarbonat soda
- 100ml süt

KARAMEL SOSU:
- 75g tereyağı
- 1 yemek kaşığı pekmez
- 300 gr demerara şekeri
- 300ml çift krema
- 2 yemek kaşığı rom

TALİMATLAR:
KEKİN HAZIRLANIŞI:
a) Fırınınızı önceden 180°C'ye (350°F) ısıtın. Bir fırın kabını yağlayın. Yağlanmış yüzeye az miktarda un serpin. Unu tüm alanları kaplayacak şekilde tabağın etrafında hareket ettirin.

b) Bir karıştırma kabında tereyağı ve demerara şekerini ufalanan bir karışım oluşana kadar birleştirin.

c) Başka bir kapta yumurtaları çırpın ve 2 çay kaşığı vanilya özü ekleyin.

ç) Yumurta karışımını yavaş yavaş tereyağı ve şeker karışımına ekleyerek iyice karıştırın.

d) Hamurun içine tamamen karışıncaya kadar 1½ yemek kaşığı pekmezi karıştırın.

e) Sığ bir kapta veya tabakta, kendiliğinden kabaran un ve bikarbonat sodayı birleştirin. Unlu karışımı yavaş yavaş hamura ekleyin ve karıştırın.

f) Yavaş yavaş sütü ekleyin ve pürüzsüz bir hamur oluşana kadar karıştırın. Not: Aşırı katlamayın.

g) Hamuru hazırlanan pişirme kabına dökün ve eşit şekilde dağıtın.

ğ) Önceden ısıtılmış fırında 35-65 dakika veya kek altın rengi kahverengi olana ve ortasına batırdığınız kürdan temiz çıkana kadar pişirin.

KARAMEL SOSUN YAPILIŞI:

h) Bir tencerede orta ateşte tereyağını eritin.
ı) Pekmezi ve demerara şekerini karıştırın.
i) Şeker eriyene ve karışım pürüzsüz hale gelinceye kadar sürekli karıştırarak pişirin.
j) Sürekli karıştırarak yavaş yavaş çift kremayı dökün.
k) Karışımı, ara sıra karıştırarak, hafifçe koyulaşana kadar 5-7 dakika pişirin.
l) Tencereyi ocaktan alın ve romu ekleyerek karıştırın.

SERVİS:

m) Pastayı 30 dakika soğumaya bırakın.
n) Bol miktarda romlu karamel sos ile servis yapın.
o) İsteğe göre üzerine çilek konularak servis edilir.

46.Nemli Yapışkan Şekerleme Ters Muzlu Kek

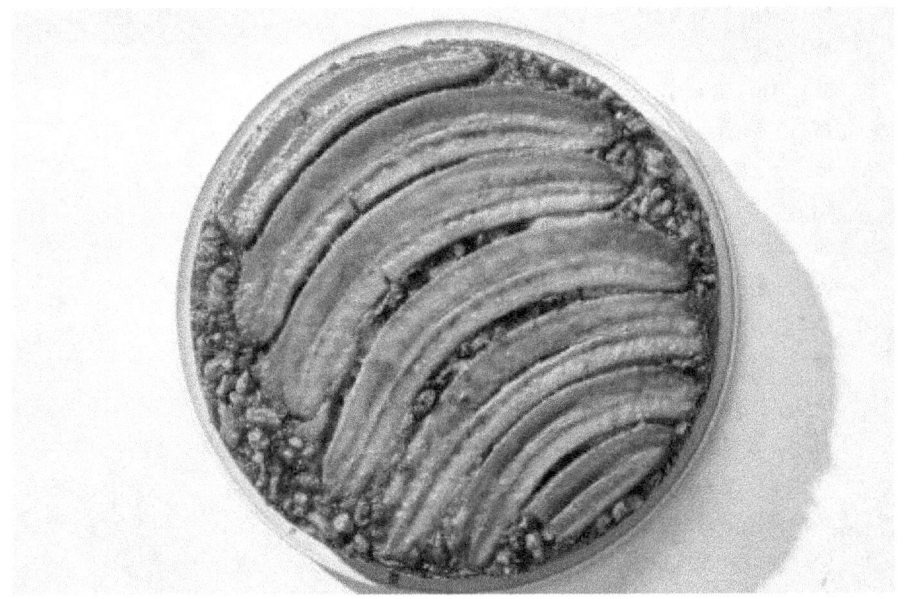

İÇİNDEKİLER:

ÜSTÜ İÇİN:
- 90g tereyağı
- 180g esmer şeker (Demerara şekeri)
- Bir tutam tuz
- 1 yemek kaşığı pekmez
- 2 adet olgun muz, dilimlenmiş

KEK HAMURU İÇİN:
- 405 gr sade un
- 1 buçuk çay kaşığı karbonat
- 300 gr esmer şeker
- ½ çay kaşığı tuz
- 2 adet olgun muz, püresi
- 1 ½ yumurta (hafifçe dövülmüş)
- 1 çay kaşığı vanilya özü
- 90g ayran
- ⅓ bardak Eritilmiş Tereyağı
- 1 yumurta sarısı
- ⅓ bardak Süt

YAPIŞKAN ŞEKERLEME SOSU İÇİN:
- 35g tereyağı
- 150 gr esmer şeker
- 150ml ağır krema
- 1 yemek kaşığı pekmez sosu

TALİMATLAR:
a) Fırını önceden 165°C'ye ısıtın.
b) 9 inçlik yuvarlak kek kalıbını uygun şekilde yağlayın. Bir kenara koyun.

ÜSTÜNÜ HAZIRLAYIN:
c) Bir tencerede orta ateşte tereyağını eritin.
ç) Şeker eriyene ve karışım pürüzsüz hale gelinceye kadar kahverengi şekeri karıştırın.
d) Tuzu ve pekmezi ekleyin ve sos koyulaşana kadar karıştırın.
e) Hazırladığınız kek kalıbına karamelli karışımı eşit şekilde yayarak dökün.

f) Dilimlenmiş muzları karamelin üzerine dizin. Bir kenara koyun.
KEK HAMURUNUN HAZIRLANIŞI:
g) Büyük bir karıştırma kabında un ve karbonatı birlikte eleyin.
ğ) Kahverengi şekeri ve tuzu karıştırın. Bir kenara koyun.
h) Başka bir kapta veya sürahide olgun muzları ezin.
ı) Yumurtaları küçük bir kaseye kırın ve vanilya özütünü ekleyin. İyice çırpın.
i) Ezilen muzların üzerine çırpılmış yumurta karışımını, ayranı, eritilmiş tereyağını ve yumurta sarısını ekleyin. İyice birleşene kadar çırpın.
j) Islak malzemeleri kuru malzemelere ekleyin. Karışımı pürüzsüz hale gelinceye kadar yavaşça katlayın.
k) Pürüzsüz bir hamur oluşuncaya kadar yavaş yavaş ⅓ bardak Sütü karışıma dökün.
l) Karışımı kek kalıbındaki karamelize edilmiş muzlu sosun üzerine dökün ve bir spatula ile eşit şekilde yayın.
m) Önceden ısıtılmış fırında 45 dakika veya kekin ortasına batırdığınız kürdan temiz çıkana kadar pişirin.
YAPIŞKAN ŞEKERLEME SOSUNUN HAZIRLANIŞI:
n) Küçük bir tencerede orta ateşte tereyağını eritin.
o) Esmer şekeri ekleyin ve şeker eriyene ve karışım pürüzsüz hale gelinceye kadar sürekli karıştırarak pişirin.
ö) Ağır kremayı yavaş yavaş dökün, iyice birleşene kadar sürekli karıştırın. Pekmez sosunu karıştırın ve pişmesine ve azalmasına izin verin.
p) Kek piştikten sonra fırından çıkarıp 10 dakika kadar kalıbın içinde soğumaya bırakın.
r) Pastayı dikkatlice servis tabağına ters çevirin, karamelize muzlu tepenin pastanın alt kısmı olmasını sağlayın.
s) Nemli Yapışkan Şekerleme Ters Muzlu Kek'i, hazırlanan yapışkan şekerleme sosu gezdirerek sıcak olarak servis edin.
ş) Ekstra hoşgörülü bir ikram için bir kaşık dondurmayla tadını çıkarın!

47.Yapışkan Şekerleme Baharatlı Elmalı Puding

İÇİNDEKİLER:
Baharatlı Elmalı Pandispanya İçin:
- 3 su bardağı (350g) Çok amaçlı un
- 1 ½ çay kaşığı Kabartma tozu
- ½ çay kaşığı Bikarbonat soda
- ½ çay kaşığı Tuz
- 1 çay kaşığı Tarçın
- ¾ çay kaşığı Yenibahar
- 1 3/8 bardak (280g) İnce Demerara şekeri
- ¾ bardak (185g) Tereyağı
- 3 yumurta
- 2 çay kaşığı Vanilya esansı
- ½ bardak (118ml) Ekşi krema
- 1 ½ yemek kaşığı Pekmez
- ½ su bardağı (118ml) Süt
- 1 Elma, soyulmuş, çekirdeği çıkarılmış ve rendelenmiş

ŞEKERLEME SOSU İÇİN:
- 50g Tereyağı
- 200 gr Demerara şekeri
- 250 ml Duble krema
- 1 Elma, süslemek için küp küp doğranmış
- Ezilmiş Cevizler

TALİMATLAR:
Baharatlı Elmalı Pandispanyanın Hazırlanışı:

a) Fırını önceden 180°C'ye ısıtın. Bir Bundt tavasını tereyağıyla yağlayın. Tavayı unla tozlayın, ardından unu tavaya eşit şekilde yaymak için tavaya hafifçe vurun. Bir kenara koyun.

b) Bir kapta çok amaçlı un, kabartma tozu, bikarbonat soda, tuz, tarçın ve yenibaharı birleştirin. Bir kenara koyun.

c) Büyük bir karıştırma kabında Demerara şekerini ve tereyağını hafif ve kabarık olana kadar çırpın.

ç) Yumurtaları küçük bir kaseye kırın ve vanilya özünü ekleyin. İyice çırpın.

d) Ekşi krema ve şeker pekmezini iyice birleşene kadar karıştırın.

e) Yumurta karışımını yavaş yavaş şeker-tereyağı karışımına çırpın.
Not: Karışım kesilebilir ama sorun değil; un eklenmesi bunu düzeltmeye yardımcı olacaktır.
f) Sütü yavaş yavaş ekleyerek unlu karışımı ekleyin. Hamur pürüzsüz hale gelinceye kadar karıştırın.
g) Rendelenmiş elmayı hamur boyunca eşit şekilde dağılıncaya kadar katlayın.
ğ) Hazırladığınız kalıba hamuru dökün ve eşit şekilde yayın.
h) Önceden ısıtılmış fırında 40-45 dakika veya ortasına batırdığınız kürdan temiz çıkana kadar pişirin.

TOFFEE SOSUN HAZIRLANIŞI:
ı) Bir tencerede, kısık ateşte tereyağını eritin. 200 g Demerara şekeri ekleyin ve şeker eriyene ve karışım pürüzsüz hale gelinceye kadar sürekli karıştırarak pişirin. Isıyı kapatın.
i) Sürekli karıştırarak yavaş yavaş çift kremayı dökün.

TOPLANTI:
j) Kek piştikten sonra fırından çıkarıp birkaç dakika soğumaya bırakın.
k) Sıcak şekerleme sosunu kekin üzerine dökün ve yüzeyi eşit şekilde kaplamasını sağlayın.
l) Kalan sosa elma küplerini ekleyin. Karıştırın ve hafifçe yumuşayana kadar 3-4 dakika pişirin.
m) Ezilmiş cevizleri kekin etrafına serpin ve üzerine yumuşak şekerleme elmaları ekleyin.
n) Xmas Yapışkan Şekerleme Baharatlı Elmalı Pudingi, yanında ekstra şekerleme sosuyla birlikte sıcak olarak servis edin.

48.Karamelli ve Şekerlemeli Dondurma

İÇİNDEKİLER:

- 1 ½ su bardağı tam yağlı süt
- 1 ½ yemek kaşığı mısır nişastası
- ½ bardak Tatlı Marsala şarabı
- 1 ¼ bardak ağır krema
- 2 yemek kaşığı hafif mısır şurubu
- 4 yemek kaşığı mascarpone peyniri, yumuşatılmış
- ¼ çay kaşığı tuz
- ⅔ su bardağı toz şeker
- Heath cipsi veya doğranmış Heath bar gibi ¾ fincan sütlü çikolatalı şekerleme parçaları

TALİMATLAR:

a) Sütü ölçün. 2 yemek kaşığı süt alın ve sürekli karıştırarak bir bulamaç oluşturmak için mısır nişastasıyla birleştirin. Bir kenara koyun. Tatlı Marsala şarabını süte ekleyin.

b) Ağır kremayı ölçün ve üzerine mısır şurubunu ekleyin. Mascarpone'u geniş bir kaseye ekleyin ve tuzu ekleyip çırpın. Bir kenara koyun.

c) Yanmış karamel yapmak için büyük bir tencereyi orta ateşte ısıtın ve şekeri ekleyin, tek kat olmasına dikkat edin ve tencerenin dibini tamamen kaplayın. Şeker erimeye başlayıncaya ve dış kısımları karamel olup eriyene kadar izleyin.

ç) Ortasında çok az miktarda beyaz şeker kaldığında, ısıya dayanıklı bir spatula kullanarak eriyen şekeri kenarlardan merkeze doğru kazıyın.

d) Şekerin tamamı eriyene kadar bunu yapmaya devam edin ve iyice karıştırın. Şekerin köpürmeye başladığını ve kenarlarından kabarcıklar çıkıp duman çıkardığını ve şekerin koyu kehribar rengine dönüştüğünü izleyin, ocaktan alın. YANIK yanmadan hemen önce onu gerçekten değerlendirmenin tek yolu, dikkatlice üstüne çıkıp koklamak/izlemektir. Ocaktan aldığınız anda krema/mısır şurubu karışımından birkaç yemek kaşığı ekleyin ve birleştirmek için sürekli çırpın. Kalan kremayı yavaş yavaş ve sürekli çırparak ekleyin.

e) Tencereyi tekrar orta ateşe koyun ve süt/Marsala şarabı karışımını ekleyin. Karışımı kaynayan bir kaynamaya getirin.

f) 4 dakika kaynatın. Ateşten alın ve mısır nişastası bulamacında çırpın, birleştirmek için çırpın. Tekrar ateşe verin ve spatulayla karıştırarak, hafif koyulaşana kadar 1-2 dakika daha pişirin. Karışımı mascarpone ile birlikte büyük kaseye yavaşça dökün ve birleştirmek için çırpın.

g) Büyük bir kaseyi buz ve buzlu suyla doldurun, galon büyüklüğünde açık bir kilitli torbayı suya, alt kısmı aşağıya gelecek şekilde yerleştirin. Karışımı dikkatlice torbaya dökün, havasını dışarı doğru bastırın ve kapatın. 30-45 dakika soğutun.

ğ) Soğuduktan sonra talimatlara göre çalkalayın.

h) Çalkalandıktan sonra dondurucuya uygun bir kaba yayın ve üzerine bir parça plastik ambalaj koyarak dondurmaya bastırın. Servis yapmadan önce 4-6 saat dondurun. Not: Bu dondurma yumuşaktır!

49.Şekerlemeli Limonlu Buz Brûlée

İÇİNDEKİLER:
- 1 bardak ağır krema
- 1 bardak tam yağlı süt
- 4 yumurta sarısı
- ½ su bardağı toz şeker
- 1 yemek kaşığı rendelenmiş limon kabuğu rendesi
- 1 damla limon esansiyel yağı
- ½ fincan şekerleme parçaları
- Karamelize etmek için toz şeker
- Ahududu, servis için

TALİMATLAR:
a) Bir tencerede ağır kremayı, tam yağlı sütü ve limon kabuğu rendesini orta ateşte kaynamaya başlayıncaya kadar ısıtın. Ateşten alın.
b) Ayrı bir kapta yumurta sarılarını, şekeri ve limon esansiyel yağını iyice birleşene kadar çırpın.
c) Sıcak krema karışımını yavaş yavaş yumurta sarısı karışımına dökün ve sürekli çırpın.
ç) Karışımı tekrar tencereye alın ve kısık ateşte sürekli karıştırarak koyulaşıp kaşığın arkasını kaplayana kadar pişirin. Kaynamasına izin vermeyin.
d) Ateşten alın ve karışımın oda sıcaklığına soğumasını bekleyin. Daha sonra en az 4 saat veya bir gece buzdolabında bekletin.
e) Soğutulmuş karışımı bir dondurma makinesine dökün ve üreticinin talimatlarına göre çalkalayın.
f) Çalkalamanın son birkaç dakikasında şekerleme parçalarını ekleyin ve eşit şekilde dağılıncaya kadar çalkalamaya devam edin.
g) Çalkalanan dondurmayı bir kaba aktarın ve donması için en az 2 saat dondurun.
ğ) Servis yapmadan hemen önce her porsiyonun üzerine ince bir tabaka toz şeker serpin. Şekeri gevrek bir kabuk oluşana kadar karamelize etmek için bir mutfak lambası kullanın.
h) Şekerin birkaç dakika sertleşmesine izin verin, ardından servis yapın ve keyfini çıkarın.

50.Şekerleme Yermantarları

İÇİNDEKİLER:

- 1/2 bardak tereyağı, yumuşatılmış
- 1/2 bardak şekerleme pişirme parçaları
- 3/4 su bardağı paketlenmiş esmer şeker
- 1 pound çikolata şekerleme kaplaması
- 1 çay kaşığı vanilya özü
- 2 1/4 Su bardağı çok amaçlı un
- 1 (14 ons) yoğunlaştırılmış sütle tatlandırılabilir
- 1/2 Bardak minyatür yarı tatlı çikolata parçaları

TALİMATLAR:

a) Büyük bir kapta esmer şekeri ve tereyağını ekleyin ve elektrikli bir karıştırıcıyla pürüzsüz hale gelinceye kadar çırpın.
b) Vanilya ekstraktını karıştırın.
c) Unu yavaş yavaş, dönüşümlü olarak şekerli yoğunlaştırılmış sütle ekleyin ve her eklemeden sonra iyice çırpın.
ç) Yavaşça çikolata parçacıklarını ve şekerleme parçalarını ekleyin.
d) Küçük bir kurabiye kepçesi ile 1 inçlik toplar yapın ve mumlu kağıtla kaplı fırın tepsilerine yerleştirin.
e) Yaklaşık 1 saat kadar buzdolabında bekletin.
f) Mikrodalgaya dayanıklı bir cam kapta, çikolata kaplamasını 30 saniyelik aralıklarla eritin, her erimeden sonra yaklaşık 1-3 dakika karıştırın.
g) Hamur toplarını çikolata kaplamasına batırın ve fazlalıkları atın.
ğ) Mumlu kağıtla kaplı fırın tepsilerine yerleştirin ve yer mantarlarını ilave şekerleme parçalarıyla serpin.
h) Sertleşinceye kadar buzdolabında, yaklaşık 15 dakika. Buzdolabında saklayın.

51. Miso-Karamelli Armutlu Yapışkan Şekerleme Kekleri

İÇİNDEKİLER:
ARMUTLU YAPIŞKAN ŞEKERLEME KEKLER:
- 1 su bardağı kurutulmuş hurma (yaklaşık 6 ons), çekirdekleri çıkarılmış ve iri kıyılmış
- 1 su bardağı çok amaçlı un, ayrıca toz almak için ekstra
- 1 çay kaşığı öğütülmüş tarçın
- 3/4 çay kaşığı kabartma tozu
- 3/4 çay kaşığı karbonat
- 1/2 çay kaşığı koşer tuzu
- 3/4 su bardağı paketlenmiş açık kahverengi şeker
- 1/4 bardak tuzsuz tereyağı, ayrıca kalıbı yağlamak için daha fazlası
- 2 büyük yumurta
- 2 orta boy Bartlett veya Anjou armut, soyulmuş, çekirdekleri çıkarılmış ve 1/3 inçlik parçalar halinde kesilmiş (yaklaşık 2 bardak)

MİSO-KARAMEL SOS:
- 3/4 bardak tuzsuz tereyağı (6 ons)
- 1 su bardağı paketlenmiş açık kahverengi şeker
- 1/2 bardak beyaz miso (mümkünse organik)
- 1 bardak ağır krema

KREM ŞANTİ:
- 1 bardak ağır krema

TALİMATLAR:
ARMUTLU YAPIŞKAN ŞEKERLEME KEKLER YAPIN:
a) Fırını önceden 350°F'ye ısıtın. 12 fincanlık muffin kalıbını yumuşatılmış tereyağıyla yağlayın ve üzerine un serpin; bir kenara koyun.

b) Küçük bir tencerede hurmaları ve 1 bardak suyu karıştırın. Orta ateşte kaynatın ve ara sıra karıştırarak, tarihler yumuşayana ve sıvının çoğu emilene kadar yaklaşık 5 dakika pişirin. Ateşten alıp 5 dakika soğumaya bırakın. Karışımı, çoğunlukla pürüzsüz hale gelinceye kadar patates ezici veya çatalla ezin; bir kenara koyun.

c) Ayrı bir kapta un, tarçın, kabartma tozu, kabartma tozu ve tuzu birlikte karıştırın; bir kenara koyun.

ç) Kahverengi şekeri ve tereyağını, kürek aparatıyla donatılmış bir stand mikserinin kasesine yerleştirin. Karışım hafif ve kabarık hale gelinceye kadar orta-yüksek hızda çırpın; bu yaklaşık 4 ila 5 dakika sürecektir.

d) Yumurtaları teker teker ekleyin ve her eklemeden sonra iyice çırpın. Mikser düşük hızda çalışırken, yavaş yavaş un karışımını ekleyin, birleşene kadar yaklaşık 1-2 dakika çırpın. Gerektiğinde kasenin kenarlarını durdurduğunuzdan ve kazıdığınızdan emin olun.

e) Hurma karışımını karıştırın ve armut parçalarını katlayın.

f) Hamuru hazırlanan muffin kalıbına eşit bir şekilde kaşıklayın, her bardağı üstten yaklaşık 1/3 inç (her biri yaklaşık 1/3 bardak) doldurun. Kalan hamuru atabilir veya başka bir kullanım için saklayabilirsiniz.

g) Önceden ısıtılmış fırında, keklerin ortasına yerleştirilen tahta kürdan temiz çıkana kadar pişirin; bu yaklaşık 18 ila 22 dakika sürecektir.

MİSO-KARAMEL SOSUN YAPILMASI:

ğ) Orta-düşük ateşte orta boy bir tencerede tereyağını eritin. Esmer şekeri ve misoyu ekleyin, eriyene kadar, genellikle 1 ila 2 dakika içinde çırpın.

h) Ağır kremayı çırpın ve karışımın kaynamasına izin verin. Yaklaşık 1 dakika boyunca sürekli çırparak pişirin. Ateşten alıp daha sonra kullanmak üzere bir kenara koyun.

KEKLERİN PİŞİRİLMESİ TAMAMLANDIKTAN SONRA:

ı) Fırından çıkarın ve hemen tahta bir kürdan kullanarak keklerin her yerine delikler açın.

i) Her kekin üzerine yaklaşık 1 çorba kaşığı miso-karamel sosu dökün.

j) Kekleri muffin kalıbında 20 dakika soğumaya bırakın, ara sıra sosun emilmesine yardımcı olmak için ilave delikler açın.

KREM ŞANTİ YAPILIŞI:

k) Ağır kremayı, çırpma aparatı takılı bir stand mikserinin kasesinde, yumuşak zirveler oluşana kadar, genellikle 1 ila 2 dakika içinde, orta-yüksek hızda çırpın.

HİZMET ETMEK:

l) Her pastayı muffin kalıbından çıkarmak için küçük bir spatula kullanın.

m) Kekleri ayrı servis tabaklarına ters çevirin ve her birinin üzerine yaklaşık 1 1/2 yemek kaşığı miso-karamel sos ekleyin.

n) Krem şanti ve kalan miso-karamel sosla servis yapın. Eğlence!

52. Çikolatalı Mocha Şekerleme Parçalı Kurabiye

İÇİNDEKİLER:
- 6 ons tuzsuz tereyağı, hafifçe yumuşatılmış
- 5 ¼ ons toz şeker
- 6 ons açık kahverengi şeker
- 2 büyük yumurta
- 1 çay kaşığı vanilya özü
- 11 ¼ ons ağartılmamış çok amaçlı un
- 1 çay kaşığı kabartma tozu
- 1 çay kaşığı tuz
- ⅛ çay kaşığı espresso tozu
- ¼ çay kaşığı öğütülmüş tarçın
- 7 ons acı tatlı çikolata parçaları
- 7 ons Mocha cipsi
- 3 ons şekerleme parçaları

TALİMATLAR:
a) Fırınınızı 350 derece F'ye (175 derece C) önceden ısıtın.
b) Stand mikserinin kasesinde, kürek aparatını kullanarak, hafifçe yumuşatılmış tereyağını, toz şekeri ve açık kahverengi şekeri, karışım kremsi ve iyice birleşene kadar yaklaşık iki dakika orta hızda karıştırın.
c) Yumurtaları birer birer ekleyin ve her seferinde tamamen karışana kadar çırpın.
ç) Vanilya ekstraktını ekleyip karışım iyice karışıncaya kadar çırpın.
d) Ayrı bir orta boy kapta, ağartılmamış çok amaçlı un, kabartma tozu, tuz, espresso tozu ve öğütülmüş tarçını birlikte çırpın.
e) Kuru malzemeleri yavaş yavaş tereyağı ve şeker karışımına ekleyin. Başlangıçta bir spatula ile karıştırın ve ardından kürek aparatına geçerek kuru malzemeler hamura karışıncaya kadar karıştırın.
f) Acı tatlı çikolata parçalarını, Mocha parçacıklarını ve şekerleme parçalarını hamurun her tarafına eşit şekilde dağılıncaya kadar yavaşça katlayın.
g) Fırın tepsilerinizi parşömen kağıdıyla hizalayın. Bir çorba kaşığı kepçe veya normal bir çorba kaşığı kullanarak, kurabiye hamurunu fırın tepsilerine yaklaşık beş inç aralıklarla yığınlar halinde bırakın.
ğ) Kurabiyeleri önceden ısıtılmış fırında teker teker yaklaşık 12 dakika veya kenarları hafif altın rengi oluncaya kadar pişirin. Merkezler hala biraz yumuşak olmalıdır.
h) Kurabiyeleri fırından çıkarıp tel ızgara üzerinde soğumaya bırakın.
ı) Soğuduktan sonra bu Çikolatalı Mocha Şekerleme Parçalı Kurabiyelerin tadını çıkarmaya hazırsınız. Her lokmada çikolata, Mocha ve şekerlemenin enfes bir karışımı!

53.Şekerleme mocha pasta

İÇİNDEKİLER:
KABUĞU İÇİN:
- 1 ½ bardak ezilmiş çikolatalı kurabiye (çikolatalı graham kraker veya çikolatalı gofret gibi)
- 6 yemek kaşığı tuzsuz tereyağı, eritilmiş

DOLGU İÇİN:
- 1 bardak ağır krema
- ½ bardak süt
- ¼ su bardağı toz şeker
- 2 yemek kaşığı hazır kahve granülü
- 1 yemek kaşığı mısır nişastası
- ¼ çay kaşığı tuz
- 4 büyük yumurta sarısı
- 1 çay kaşığı vanilya özü
- ½ fincan şekerleme parçaları veya ezilmiş şekerleme şekerleri

ÜSTÜ İÇİN:
- 1 bardak ağır krema
- 2 yemek kaşığı pudra şekeri
- ½ çay kaşığı vanilya özü
- Garnitür için çikolata talaşı veya kakao tozu (isteğe bağlı)

TALİMATLAR:

a) Fırınınızı önceden 350°F (175°C) ısıtın.

b) Bir karıştırma kabında ezilmiş çikolatalı kurabiyeleri ve eritilmiş tereyağını birleştirin. Kırıntılar eşit şekilde kaplanana kadar karıştırın.

c) Kabuğu oluşturmak için kırıntı karışımını 9 inçlik bir pasta tabağının tabanına ve yanlarına doğru bastırın.

ç) Hamuru önceden ısıtılmış fırında yaklaşık 10 dakika pişirin. Fırından çıkarın ve tamamen soğumasını bekleyin.

d) Bir tencerede kremayı, sütü, toz şekeri, hazır kahve granüllerini, mısır nişastasını ve tuzu birleştirin. Kahve granülleri ve mısır nişastası eriyene kadar çırpın.

e) Tencereyi orta ateşe alın ve sürekli karıştırarak, karışım koyulaşıp hafif kaynayana kadar pişirin.

f) Ayrı bir kapta yumurta sarılarını çırpın. Sürekli çırparak yumurta sarılarına sıcak krema karışımından az miktarda yavaş yavaş ekleyin. Bu yumurtaları yumuşatacak ve karışmalarını önleyecektir.

g) Temperlenmiş yumurta karışımını yavaşça tekrar tencereye dökün ve sürekli çırpın.

ğ) Karışımı orta ateşte sürekli karıştırarak puding benzeri bir kıvama gelinceye kadar pişirmeye devam edin. Ateşten alın.

h) Vanilya ekstraktını ve şekerleme parçacıklarını dolgunun her yerine eşit şekilde dağılıncaya kadar karıştırın.

ı) Soğuyan muhallebiyi içine dökün ve eşit şekilde yayın.

i) Pastayı plastik ambalajla örtün ve kabuğun oluşmasını önlemek için dolgunun yüzeyine temas ettiğinden emin olun. Buzdolabında en az 4 saat veya katılaşana kadar soğutun.

j) Servis yapmadan önce çırpılmış krema sosunu hazırlayın. Bir karıştırma kabında ağır kremayı, pudra şekerini ve vanilya özünü yumuşak zirveler oluşana kadar çırpın.

k) Soğuyan pastanın üzerine kremayı yayın veya sıkın.

l) İsteğe bağlı: Çikolata talaşı veya kakao tozu tozuyla süsleyin.

m) Şekerleme mocha pastasını dilimleyip servis edin ve zengin, kremalı ve hoş lezzetlerinin tadını çıkarın!

n) Bu şekerleme mocha pastası, kahve, şekerleme ve çikolata kombinasyonuyla kesinlikle etkileyicidir. Her durum için veya tatlı isteğinizi gidermek için mükemmel bir tatlıdır.

54. Gül ve Fıstıklı Şekerleme Parçalı Krema

İÇİNDEKİLER:
- ⅔ su bardağı (100g) kıyılmış antep fıstığı
- ¼ bardak kurutulmuş gül yaprakları (nota bakınız)
- 345 gr pudra şekeri
- 2 adet altın renginde jelatin yaprağı (nota bakınız)
- ¾ su bardağı (185ml) süt
- 5 yumurta sarısı
- 1 yemek kaşığı gül suyu (nota bakınız)
- 2 damla pembe gıda boyası
- 300 ml koyulaştırılmış krema ve servis için ekstra çırpılmış krema
- Süslemek için püskürtülmemiş taze gül yaprakları

TALİMATLAR:

a) Kıyılmış antep fıstıklarını ve kurutulmuş gül yapraklarını birleştirin ve pişirme kağıdı serili fırın tepsisine eşit şekilde yayın.

b) 1 su bardağı (220g) şekeri ve ¼ su bardağı (3 yemek kaşığı) suyu bir tavaya kısık ateşte koyun. Şeker eriyene kadar karıştırın. Isıyı orta seviyeye yükseltin. Karıştırmadan, açık altın rengi bir karamel elde edene kadar 3-4 dakika pişirin. Karameli fırın tepsisindeki fındıkların ve yaprakların üzerine dökün ve tamamen soğuması için 15 dakika bekletin. Soğuduktan sonra karamelleri parçalara ayırın. (Bunu bir gün önceden yapıp parçaları hava geçirmez bir kapta saklayabilirsiniz.)

c) Jelatin yapraklarını yumuşaması için 5 dakika soğuk suda bekletin. Bu arada sütü bir tavada orta ateşte kaynama noktasının biraz altına getirin.

ç) Bir kasede yumurta sarılarını ve kalan 125 gr şekeri rengi açılana kadar çırpın. Sütü yavaş yavaş çırpın. Daha sonra karışımı kısık ateşte tekrar tencereye alın ve bir kaşığın arkasını kaplayacak kadar koyulaşana kadar sürekli karıştırın.

d) Karışımı ocaktan alın, jelatin yapraklarındaki fazla suyu sıkın ve jelatini süt karışımına ekleyin, iyice birleşene kadar karıştırın. Karışımı süzgeçten geçirerek bir kaseye dökün. Gül suyunu ve gıda boyasını ekleyip karıştırın. Karışımı 1 saat soğumaya bırakın.

e) Koyulaştırılmış kremayı yumuşak zirvelere kadar çırpın ve mümkün olduğunca fazla hava tutmaya dikkat ederek soğutulmuş süt karışımına yavaşça katlayın. Karışımı altı adet 150 ml'lik ramekinlere bölün. Kremalar sertleşene kadar ramekinleri 4 saat soğutun. (Bunları bir gün önceden yapabilirsiniz.)

f) Gül Yaprağı Kremalarını ekstra çırpılmış krema ve şeker parçacıklarıyla süsleyerek servis yapın. Taze gül yapraklarıyla süsleyin.

55.Banoffee keki

İÇİNDEKİLER:
MUZLU KEK İÇİN:
- 2 fincan çok amaçlı un
- 1 ½ çay kaşığı kabartma tozu
- ½ çay kaşığı karbonat
- ¼ çay kaşığı tuz
- ½ bardak tuzsuz tereyağı, yumuşatılmış
- 1 su bardağı toz şeker
- 2 büyük yumurta
- 1 çay kaşığı vanilya özü
- 3 olgun muz, püresi
- ½ bardak ayran

ŞEKERLEME DOLGUSU İÇİN:
- 1 (14 ons) kutu şekerli yoğunlaştırılmış süt
- ½ su bardağı tuzsuz tereyağı
- ½ su bardağı açık kahverengi şeker
- ½ çay kaşığı vanilya özü

ŞEKERLEME DONDURULMASI İÇİN:
- 1 ½ su bardağı tuzsuz tereyağı, yumuşatılmış
- 4 su bardağı pudra şekeri
- ¼ fincan şekerleme sosu (mağazadan satın alınabilir veya ev yapımı olabilir)
- 1 çay kaşığı vanilya özü

İSTEĞE BAĞLI DOLGU:
- Dilimlenmiş muz
- Çikolata talaşı
- Karamel sosu

TALİMATLAR:
MUZLU KEK İÇİN:
a) Fırınınızı önceden 180°C'ye (350°F) ısıtın ve iki adet 9 inçlik yuvarlak kek kalıbını yağlayıp unlayın.
b) Orta boy bir kapta un, kabartma tozu, kabartma tozu ve tuzu birlikte çırpın. Bir kenara koyun.
c) Büyük bir karıştırma kabında yumuşatılmış tereyağını ve toz şekeri hafif ve kabarık olana kadar krema haline getirin.
ç) Yumurtaları teker teker ekleyin ve her eklemeden sonra iyice çırpın. Vanilya ekstraktını karıştırın.
d) Ezilmiş muzları iyice birleşene kadar karıştırın.
e) Kuru malzemeleri yavaş yavaş tereyağ karışımına, ayranla dönüşümlü olarak, kuru malzemelerle başlayıp bitirerek ekleyin. Birleşene kadar karıştırın.
f) Hazırlanan kek kalıplarına hamuru eşit şekilde paylaştırın, üstlerini bir spatula ile düzeltin.
g) Önceden ısıtılmış fırında yaklaşık 25-30 dakika veya keklerin ortasına batırdığınız kürdan temiz çıkana kadar pişirin.
ğ) Kekleri fırından çıkarın ve kalıpların içinde 10 dakika soğumaya bırakın. Daha sonra tamamen soğuması için bunları bir tel rafa aktarın.

ŞEKERLEME DOLGUSU İÇİN:
h) Orta boy bir tencerede şekerli yoğunlaştırılmış süt, tereyağı ve esmer şekeri birleştirin.
ı) Karışım koyulaşıp karamel benzeri bir kıvama gelinceye kadar, sürekli karıştırarak orta ateşte yaklaşık 10-15 dakika pişirin.
i) Ateşten alın ve vanilya özütünü ekleyerek karıştırın.
j) Kullanmadan önce şekerleme dolgusunun tamamen soğumasını bekleyin.

ŞEKERLEME DONDURULMASI İÇİN:
k) Büyük bir karıştırma kabında yumuşatılmış tereyağını kremsi ve pürüzsüz hale gelinceye kadar çırpın.
l) Her eklemeden sonra iyice çırparak, her seferinde bir bardak olacak şekilde pudra şekerini yavaş yavaş ekleyin.
m) Şekerleme sosunu ve vanilya özünü karıştırın ve krema hafif ve kabarık hale gelinceye kadar çırpmaya devam edin.

TOPLANTI:

n) Bir muzlu kek katmanını servis tabağına veya kek standına yerleştirin. Üzerine bol miktarda şekerleme dolgusunu eşit şekilde yayın.

o) İkinci kek katmanını üstüne yerleştirin ve pürüzsüz bir yüzey elde etmek için bir spatula veya kek pürüzsüzleştirici kullanarak pastanın tamamını şekerli kremayla kaplayın.

ö) İsteğe bağlı: Daha fazla dekorasyon ve lezzet için pastayı dilimlenmiş muz, çikolata rendesi ve çiseleyen karamel sosla süsleyin.

p) Banoffee pastasını dilimleyip servis edin, tadını çıkarın

56.Fırınlamasız Votka Toffee elmalı cheesecake

İÇİNDEKİLER:

- 6 kırmızı elma
- 1 yemek kaşığı limon suyu
- 230g Grantham Zencefilli Kurabiye veya Zencefilli Fındık
- 60 gr tereyağı, eritilmiş
- 300ml çift krema
- 50 gr pudra şekeri
- 150 ml Yunan yoğurdu
- 310g hafif yumuşak peynir
- 2 yemek kaşığı şekerleme votka
- 3,5 ons toz şeker

TALİMATLAR:

a) 4 elmayı soyun ve 1 cm'lik parçalar halinde kesin. Limon suyunu bir cam kaseye koyun ve mikrodalgayı tam güçte 3 dakika boyunca çalıştırın. İyice karıştırın. Birkaç küçük topakla birlikte yumuşak bir kıvama gelinceye kadar 2-3 dakika daha mikrodalgada tutun. Soğumaya bırakın.

b) Bisküvileri mutfak robotunda ince kırıntılar oluşana kadar çekin. Tereyağını ekleyin ve karışana kadar çırpın. 20 cm'lik gevşek tabanlı bir kalıbın tabanını pişirme kağıdıyla kaplayın. Kırıntıları dökün ve kaşığın arkasıyla bastırın. Gerekene kadar soğutun. Kalıbın kenarlarını uzun bir pişirme kağıdı şeridiyle kaplayın.

c) Krema ve pudra şekerini yumuşak tepecikler oluşuncaya kadar çırpın. Yoğurt, yumuşak peynir, votka ve elma sosunu geniş bir kaseye koyun ve eşit şekilde karışana kadar yavaşça karıştırın; fazla çırpmayın. Kremayı yavaşça katlayın. Tabanın üzerine kaşıkla dökün, kaşığın arkasıyla hizalayın ve gece boyunca soğutun.

ç) Son 2 elmayı çekirdeklerini çıkartıp ince ince dilimleyin. Mutfak rulosu ile kurulayın. Mikrodalgaya uygun bir tabağa bir parça mutfak rulosu koyun ve elma dilimlerinin yarısını üstüne yerleştirin. Mikrodalgada 800W'ta 3 dakika. Elma dilimlerini çevirin, mutfak rulosuyla kurutun ve yumuşak ve neredeyse kuruyana kadar 3 dakika daha mikrodalgada tutun. Bir kenara koyun ve kalan elmayla aynı işlemi tekrarlayın.

d) Tel rafın üzerine bir parça pişirme kağıdı yerleştirin. Şekeri ve 4 yemek kaşığı suyu küçük bir tencereye koyun. Şeker eriyene kadar karıştırmadan yavaşça ısıtın. Bal-altın rengi bir karamel elde edene kadar 3-4 dakika kaynatın. Ateşten alın, kurutulmuş elmanın ¼'ünü ekleyin, kaplayacak şekilde karıştırın, ardından tek tek kaldırarak fazla karamelin tavaya geri damlamasını sağlayın. Pişirme kağıdına dizin.

e) Üç kez daha tekrarlayın. Karamel koyulaşırsa 20 saniye boyunca hafifçe ısıtın.

f) Cheesecake'i tabağa alıp pişirme kağıdını çıkarın. Üzerine karamelli elma dilimlerini dizin, isterseniz üzerine ezilmiş zencefilli bisküvi serpip servis yapın.

57.Şekerleme Poke Kek

İÇİNDEKİLER:

- 1 paket çikolatalı kek karışımı (normal ölçü)
- 1 kavanoz (17 ons) tereyağlı viski-karamelli dondurma tepesi
- 1 karton (12 ons) dondurulmuş çırpılmış sos, çözülmüş
- 1 bardak tereyağı
- 3 Heath şeker çubuğu (her biri 1,4 ons), doğranmış

TALİMATLAR:

a) Tereyağını kullanarak keki paketin üzerindeki talimatlara göre hazırlayın ve pişirin.

b) Tel raf üzerinde soğutun.

c) Tahta bir kaşığın sapını kullanarak kekin üzerine delikler açın. Deliklere 3/4 bardak karamel sosunu dökün. Kalan karameli kekin üzerine kaşıkla dökün. Üstünü çırpılmış tepesi ile doldurun. Şeker serpin.

ç) Servis yapmadan önce en az 2 saat buzdolabında bekletin.

58.Fırınlanmayan Banoffee Tartlets

İÇİNDEKİLER:
BAZLAR İÇİN:
- 1 su bardağı kurutulmuş hurma
- ½ su bardağı öğütülmüş badem
- ¼ çay kaşığı tarçın
- 1 su bardağı çiğ kaju fıstığı

DOLGU İÇİN:
- ½ su bardağı kurutulmuş hurma
- ½ bardak fıstık ezmesi
- ½ çay kaşığı vanilya
- ¼ bardak hindistan cevizi yağı
- 1 muz
- ¼ bardak hindistan cevizi kreması

ÜSTÜ İÇİN:
- ½ bardak hindistan cevizi kreması, soğutulmuş
- ½ muz, dilimlenmiş

TALİMATLAR:
TARTLET TENEKELERİNİ HAZIRLAYIN:
a) 6 x 10 cm'lik kalıbın tabanını pişirme kağıdı veya 1 x 22 cm'lik kalıpla kaplayın.

TABAN YAPIN:
b) Hurmaları kaynar suda 10 dakika kadar beklettikten sonra süzün.
c) Bir mutfak robotunda ıslatılmış hurmaları, öğütülmüş bademleri, tarçını ve çiğ kaju fıstıklarını birleştirin.
ç) Yapışkan ve iyice birleşene kadar karıştırın, dokuyu koruyun. Karışımı kalıplara paylaştırın ve her birinin tabanını ve kenarlarını hizalayacak şekilde bastırın. Doldurmayı hazırlarken buzdolabına koyun.

DOLGUYU HAZIRLAYIN:
d) Hurmaları 10 dakika kaynar suda beklettikten sonra süzün.
e) Mutfak robotunda ıslatılmış hurmaları, fıstık ezmesini, vanilyayı, hindistan cevizi yağını, muzu ve hindistan cevizi kremasını birleştirin. Pürüzsüz olana kadar karıştır. Dolguyu tart kalıplarına kaşıkla dökün, üstlerini düzeltin. En az 2 saat veya yemeye hazır olana kadar dondurucuya koyun.

MONTAJ VE SERVİS:
f) Servis yapmadan önce soğutulmuş hindistancevizi kremasını koyulaşana kadar çırpın.
g) Her tartletin üzerine bir kaşık dolusu çırpılmış hindistancevizi kreması dökün.
ğ) Keyifli bir üst malzeme olarak dilimlenmiş muzla bitirin.

59. Banoffee Dondurma Sundae

İÇİNDEKİLER:

- ½ su bardağı kıyılmış ceviz
- 3 yemek kaşığı tereyağı
- ½ su bardağı paketlenmiş koyu kahverengi şeker
- ⅔ bardak ağır krema
- Bir tutam tuz
- 1 (48 ons) karton vanilyalı dondurma
- 4 küçük muz, dilimlenmiş

TALİMATLAR:

a) Küçük, kuru bir tencerede orta ateşte, doğranmış cevizleri ara sıra karıştırarak kokusu çıkana kadar kızartın. Tavadan çıkarın.

KARAMEL SOSUN HAZIRLANIŞI:

b) Bir tencerede tereyağını, koyu kahverengi şekeri, kremayı ve tuzu orta ateşte kaynatın.

c) Karışım kalınlaşıncaya ve şeker eriyene kadar ara sıra karıştırarak 1 ila 2 dakika pişirin. Sosu hafifçe soğutun.

Pazarları birleştirin:

ç) 4 servis bardağının her birine az miktarda karamel sosu dökün.

d) Sosun üzerine bir top vanilyalı dondurma ekleyin.

e) Dilimlenmiş muzları dondurmanın üzerine yerleştirin.

f) Bir kaşık daha vanilyalı dondurma ekleyin.

g) Dondurmanın üzerine biraz daha karamel sosu gezdirin.

ğ) Kızarmış cevizleri serpin.

60.Brownie Şekerleme Trifle

İÇİNDEKİLER:
- 1 paket şekerlemeli brownie karışımı (13 inç x 9 inç tava boyutunda)
- 4 çay kaşığı hazır kahve granülü
- ¼ bardak ılık su
- 1¾ su bardağı soğuk süt
- 1 paket (3,4 ons) hazır vanilyalı puding karışımı
- 2 su bardağı çırpılmış tepesi
- 1 paket (11 ons) vanilya veya beyaz pişirme cipsi
- 3 Heath şeker çubuğu (her biri 1,55 ons), doğranmış

TALİMATLAR:
a) Brownie hazırlamak ve pişirmek için paket talimatlarını izleyin. Serin; ¾ inç şeklinde dilimleyin. küpler.

b) Kahve granüllerini ılık suda eritin. Büyük bir kapta puding karışımını ve sütü düşük hızda 2 dakika çırpın; kahve karışımını çırpın. Çırpılmış malzemeyi de ekleyin.

c) ½ brownie küplerini, şeker çubuklarını, vanilya parçacıklarını ve pudingi 3 qt'lik bir kaba katlayın. önemsiz cam/kase; katmanları tekrarlayın. Kapak; Servis etmeden önce en az 1 saat buzdolabında bekletin.

61.Çılgın Banoffee Bundt Kek

İÇİNDEKİLER:

- 1 Paket Krusteaz Tarçınlı Girdaplı Kek ve Muffin Karışımı
- 1 yumurta
- ⅔ Bardak Su
- 1 çay kaşığı Vanilya özü
- ½ Su Bardağı kıyılmış ceviz
- ¼ Fincan Şekerleme parçaları
- 2 adet olgun muz, püre haline getirilmiş
- ¼ Bardak Karamel sos
- Pişirme spreyi

TALİMATLAR:

a) Fırını 350°F'ye ısıtın. 6 fincanlık bir tepsiyi pişirme spreyi ile hafifçe yağlayın.

b) Bir kapta kek karışımını, yumurtayı, suyu, vanilya özütünü, ¼ bardak kıyılmış cevizleri, şekerleme parçalarını ve ezilmiş muzları karışana kadar birleştirin. Hamur biraz topaklı olacak.

c) Hazırladığınız kek kalıbına hamurun yarısını kaşıkla dökün ve eşit şekilde yayın. Tarçın tepesi poşetinin yarısını hamurun üzerine serpin. Kalan hamuru küçük kaşıklar halinde üst tabakanın üzerine dökün ve tavanın kenarına kadar yayın. Kalan malzemeyi hamurun üzerine eşit şekilde serpin.

ç) Önceden ısıtılmış fırında 40-45 dakika veya ortasına batırdığınız kürdan temiz çıkana kadar pişirin.

d) Pastayı 5-10 dakika soğutun. Kekin kenarlarını tereyağı bıçağıyla kalıptan ayırın ve dikkatlice servis tabağına ters çevirin.

e) Pastayı karamel sosla gezdirin ve kalan kıyılmış cevizlerle süsleyin.

62.Şekerleme Crunch Eklerleri

İÇİNDEKİLER:

CHOUX PASTA İÇİN:
- 1 bardak su
- 1/2 su bardağı tuzsuz tereyağı
- 1 fincan çok amaçlı un
- 4 büyük yumurta

DOLGU İÇİN:
- 2 bardak şekerleme aromalı pasta kreması

TOFFEE CRUNCH ÜSTÜ İÇİN:
- 1 bardak şekerleme parçaları veya ezilmiş şekerleme şekerleri
- 1/2 bardak kıyılmış fındık (örneğin badem veya ceviz)

GLAZÜR İÇİN:
- 1/2 bardak bitter çikolata, doğranmış
- 1/4 su bardağı tuzsuz tereyağı
- 1 su bardağı pudra şekeri
- 1/4 su bardağı sıcak su

TALİMATLAR:

PASTA HAMURU:

a) Fırınınızı önceden 375°F'ye (190°C) ısıtın ve fırın tepsisini parşömen kağıdıyla kaplayın.

b) Bir tencerede su ve tereyağını birleştirin. Tereyağı eriyene ve karışım kaynayana kadar orta ateşte ısıtın.

c) Ateşten alın, unu ekleyin ve karışım bir top oluşana kadar kuvvetlice karıştırın.

ç) Hamuru birkaç dakika soğumaya bırakın, ardından yumurtaları birer birer ekleyin ve her eklemeden sonra iyice çırpın.

d) Hamuru sıkma torbasına aktarın ve hazırlanan fırın tepsisine eklerleri sıkın.

e) Yaklaşık 30 dakika veya altın rengi kahverengi olana kadar pişirin. Soğumaya bırakın.

DOLGU:

f) Şekerleme aromalı pasta kremasını hazırlayın. Klasik bir pastacı kreması tarifine şekerleme ekstraktı veya ezilmiş şekerleme parçacıkları ekleyebilir veya önceden hazırlanmış şekerleme aromalı pasta kreması kullanabilirsiniz.

g) Eklerleri şekerleme aromalı pastacı kremasıyla sıkma torbası veya küçük bir kaşık kullanarak doldurun.

ŞEKERLEME ÇITIR TİPİ:

ğ) Bir kapta şekerleme parçalarını ve doğranmış fındıkları karıştırın.

h) Şekerleme çıtır malzemesini doldurulmuş eklerlerin üzerine cömertçe serpin, eşit kaplama sağlayın.

SIR:

ı) Isıya dayanıklı bir kapta, bitter çikolatayı ve tereyağını benmari usulü eritin.

i) Ateşten alın, pudra şekeri ekleyin ve yavaş yavaş sıcak suyla pürüzsüz hale gelinceye kadar karıştırın.

j) Her bir eklerin üstünü koyu çikolata sosuna batırın ve eşit kaplama sağlayın. Fazlalığın damlamasına izin verin.

k) Sırlanmış eklerleri bir tepsiye yerleştirin ve çikolata donana kadar soğumaya bırakın.

l) Soğutulmuş olarak servis yapın ve Toffee Crunch Éclairs'in tatlı ve çıtır lezzetinin tadını çıkarın!

63.Şekerleme Fıstık Ezmeli Kurabiye

İÇİNDEKİLER:
- 1 olgun muz, püresi
- 1/4 bardak kremalı fıstık ezmesi
- 1/4 bardak bal
- 1 çay kaşığı vanilya özü
- 1 su bardağı eski moda yulaf
- 1/4 bardak şekerleme parçaları
- 1/4 su bardağı kıyılmış fındık (badem veya ceviz gibi)

TALİMATLAR:

a) Fırınınızı önceden 350°F (175°C)'ye ısıtın ve fırın tepsisini parşömen kağıdıyla kaplayın.

b) Büyük bir karıştırma kabında, püre haline getirilmiş muz, fıstık ezmesi, bal ve vanilya özünü pürüzsüz hale gelinceye kadar birleştirin.

c) Yulaf, şekerleme parçaları ve doğranmış fındıkları iyice birleşene kadar karıştırın.

ç) Kurabiye hamurundan kaşık dolusu hazırlanan fırın tepsisine, yaklaşık 2 inç aralıklarla bırakın.

d) Her kurabiyeyi kaşığın arkasıyla hafifçe düzleştirin.

e) 12-15 dakika veya kenarları altın rengi kahverengi olana kadar pişirin.

f) Tamamen soğumaları için tel rafa aktarmadan önce kurabiyelerin fırın tepsisinde birkaç dakika soğumasını bekleyin.

g) Alıp götürebileceğiniz bir kahvaltı seçeneği olarak bu sağlıklı ve lezzetli Şekerleme Kahvaltı Kurabiyelerinin tadını çıkarın!

64.ingiliz şekerlemesi

İÇİNDEKİLER:

- 1 bardak tereyağı
- 1 ¼ su bardağı beyaz şeker
- 2 yemek kaşığı su
- ¼ bardak kıyılmış badem
- 1 su bardağı damla çikolata

TALİMATLAR:

a) 10x15 inçlik jöleli tavayı yağlayın.

b) Orta ateşte ağır bir tavada tereyağını eritin. Şekeri ve suyu karıştırın. Kaynatın ve bademleri ekleyin. Fındıklar kızarana ve şeker altın rengine dönene kadar sürekli karıştırarak pişirin. Karışımı hazırlanan tavaya dökün; yaymayın.

c) Hemen üzerine çikolata parçacıklarını serpin. Bir dakika bekletin, sonra çikolatayı üstüne yayın. Tamamen soğumaya bırakın, ardından parçalara ayırın.

65.Şekerleme Kremalı Pasta

İÇİNDEKİLER:

- 1-1/2 bardak yarım buçuk krema
- 1 paket (3,4 ons) hazır vanilyalı puding karışımı
- 6 Heath şeker çubuğu (her biri 1,4 ons), doğranmış
- 1 karton (8 ons) dondurulmuş çırpılmış sos, çözülmüş, bölünmüş
- 1 çikolata kırıntısı kabuğu (9 inç)

TALİMATLAR:

a) Puding karışımını kremayla büyük bir kapta 2 dakika boyunca karıştırın. 2 dakika bekletin. kısmen ayarlanana kadar. 1 su bardağı doğranmış şekeri çırpın. 2 bardak çırpılmış tepeyi katlayın. Kabuğun üzerine dökün.

b) Kalan çırpılmış malzemeyi en üste yayın ve kalan şekerle gezdirin. En az 4 saat sertleşinceye kadar üstü kapalı olarak dondurun.

66.Şekerleme fondü

İÇİNDEKİLER:
- 1 paket Kraft karamel (büyük)
- ¼ bardak Süt
- ¼ fincan Koyu siyah kahve
- ½ bardak Sütlü çikolata parçacıkları -
- Elma dilimleri
- Muz parçaları
- Marşmelov
- Melek yemeği keki - 1 inç küpler

TALİMATLAR:
a) Karamelleri, sütü, kahveyi ve çikolata parçacıklarını çift kazanın üzerine yerleştirin; kaynayan suyun üzerinde, eriyene ve karışana kadar karıştırarak pişirin. Fondü kabına yerleştirin.

b) Fondü çatallarında mızrak meyveleri, marshmallow ve kek; fondüye batırın.

67. Espresso Şekerleme Crunch Semifreddo

İÇİNDEKİLER:
- 4 yumurta sarısı
- ½ su bardağı toz şeker
- 1 bardak ağır krema
- ¼ fincan güçlü demlenmiş espresso, soğutulmuş
- ½ fincan şekerleme parçaları
- ¼ fincan ezilmiş çikolata kaplı espresso çekirdekleri (garnitür için)

TALİMATLAR:

a) Büyük bir karıştırma kabında yumurta sarılarını ve şekeri krema kıvamına gelinceye kadar çırpın.

b) Ayrı bir kapta, ağır kremayı yumuşak tepeler oluşuncaya kadar çırpın.

c) Demlenmiş espresso ve şekerleme parçalarını çırpılmış kremaya yavaşça katlayın.

ç) Çırpılmış krema karışımını yavaş yavaş yumurta sarısı karışımına ekleyin, iyice birleşene kadar yavaşça katlayın.

d) Karışımı bir somun tavasına veya tek tek kalıplara dökün ve üzerine ezilmiş çikolata kaplı espresso çekirdekleri serpin.

e) En az 6 saat veya gece boyunca dondurun.

f) Servis yapmak için dondurucudan çıkarın ve dilimlemeden önce birkaç dakika oda sıcaklığında bekletin.

68.Kahve-şekerleme parfe

İÇİNDEKİLER:
- 3 bardak Kahveli Buzlu Süt

ÇATIRTILI ŞEKERLEME
- 6 yemek kaşığı Dondurulmuş kalorisi azaltılmış çırpılmış sos, çözülmüş
- ½ fincan Sıkıca paketlenmiş koyu kahverengi şeker
- ¼ bardak dilimlenmiş badem
- 2 çay kaşığı Çubuk margarin, yumuşatılmış
- Sebze pişirme spreyi

TALİMATLAR:

a) 6 parfe bardağının her birine ¼ fincan Kahveli Buzlu Süt dökün, her birinin üzerine 2 yemek kaşığı Toffee Crunch ekleyin.

b) Katmanları tekrarlayın ve her parfenin üzerine 1 çorba kaşığı çırpılmış sos ekleyin. Servis yapmaya hazır olana kadar dondurun. Yapar: 6 Porsiyon.

TOFFEE CRUNCH İÇİN:

c) Şekeri, bademleri ve margarini bir mutfak robotunda birleştirin ve 10 kez veya fındıklar ince bir şekilde doğranana kadar çalıştırın. Karışımı, pişirme spreyi ile kaplanmış bir fırın tepsisine 7 inçlik bir daireye bastırın.

ç) Kabarcıklaşana ancak yanmayana kadar 1 dakika kadar kızartın. Fırından çıkarın ve 5 dakika bekletin. Geniş bir spatula kullanarak şekerlemeyi yavaşça ters çevirin ve bir dakika daha kızartın.

d) Fırından çıkarın ve soğumaya bırakın. Şekerleme karışımını ½ inçlik parçalara bölün.

69.Şekerleme Ekmek Pudingi

İÇİNDEKİLER:

- 6 su bardağı küp küp kesilmiş bir günlük ekmek
- 2 bardak süt
- 1/2 bardak ağır krema
- 3 büyük yumurta
- 1/2 su bardağı toz şeker
- 1 çay kaşığı vanilya özü
- 1/2 bardak şekerleme parçaları
- Servis için karamel sosu

TALİMATLAR:

a) Fırınınızı 175°C'ye (350°F) önceden ısıtın ve 9x13 inçlik bir pişirme kabını yağlayın.

b) Küp şeklinde ekmeği hazırlanan pişirme kabına yerleştirin.

c) Bir karıştırma kabında sütü, kremayı, yumurtaları, şekeri ve vanilya özünü iyice birleşene kadar çırpın.

ç) Süt karışımını ekmek küplerinin üzerine dökün, tüm ekmeğin kaplandığından emin olun.

d) Şekerleme parçalarını üstüne eşit şekilde serpin.

e) Ekmeğin sıvıyı emmesini sağlamak için ekmek pudingini yaklaşık 15 dakika bekletin.

f) 35-40 dakika veya puding sertleşene ve üstü altın rengi kahverengi olana kadar pişirin.

g) Üzerine karamel sosu gezdirerek sıcak olarak servis yapın. Enfes bir tatlı olarak bu rahatlatıcı Şekerleme Ekmek Pudinginin tadını çıkarın!

70.Şekerleme Cheesecake Barları

İÇİNDEKİLER:

- 2 bardak graham kraker kırıntısı
- 1/2 su bardağı tuzsuz tereyağı, eritilmiş
- 16 ons krem peynir, yumuşatılmış
- 1/2 su bardağı toz şeker
- 2 büyük yumurta
- 1 çay kaşığı vanilya özü
- 1/2 bardak şekerleme parçaları

TALİMATLAR:

a) Fırınınızı önceden 350°F'ye (175°C) ısıtın ve 8x8 inçlik bir pişirme kabını parşömen kağıdıyla kaplayın.

b) Bir karıştırma kabında, graham kraker kırıntılarını ve eritilmiş tereyağını iyice karışıncaya kadar birleştirin.

c) Kabuğu oluşturmak için karışımı hazırlanan pişirme kabının tabanına eşit şekilde bastırın.

ç) Başka bir kapta krem peyniri ve şekeri pürüzsüz ve kremsi bir kıvam alana kadar çırpın.

d) Yumurtaları teker teker ekleyin ve her eklemeden sonra iyice çırpın. Vanilya ekstraktını karıştırın.

e) Karışım boyunca eşit şekilde dağılıncaya kadar şekerleme parçalarını katlayın.

f) Krem peynir karışımını graham kraker kabuğunun üzerine dökün ve eşit şekilde dağıtın.

g) 25-30 dakika veya kenarlar sertleşene ve ortası hafifçe titreyene kadar pişirin.

ğ) Karelere dilimlemeden önce cheesecake çubuklarını pişirme kabında tamamen soğumaya bırakın. Bu zengin ve kremalı Toffee Cheesecake Bar'ların tadını yozlaşmış bir ikram olarak çıkarın!

71.Şekerleme Elma Gevrek

İÇİNDEKİLER:

- 4 bardak dilimlenmiş elma (Granny Smith veya Honeycrisp gibi)
- 1 yemek kaşığı limon suyu
- 1/2 su bardağı toz şeker
- 1/4 bardak çok amaçlı un
- 1/2 çay kaşığı öğütülmüş tarçın
- 1/4 çay kaşığı öğütülmüş hindistan cevizi
- 1 su bardağı eski moda yulaf
- 1/2 bardak çok amaçlı un
- 1/2 su bardağı paketlenmiş esmer şeker
- 1/4 bardak şekerleme parçaları
- 1/2 su bardağı tuzsuz tereyağı, eritilmiş

TALİMATLAR:

a) Fırınınızı önceden 350°F'ye (175°C) ısıtın ve 9x9 inçlik bir pişirme kabını yağlayın.

b) Büyük bir kapta, dilimlenmiş elmaları limon suyuyla kaplanana kadar atın.

c) Ayrı bir kapta toz şeker, 1/4 su bardağı un, tarçın ve hindistan cevizini birleştirin. Bu karışımı elmalara ekleyin ve kaplayın.

ç) Elma karışımını hazırlanan pişirme kabına eşit şekilde yayın.

d) Bir karıştırma kabında yulafı, 1/2 su bardağı unu, esmer şekeri ve şekerleme parçalarını birleştirin. Eritilmiş tereyağını ufalanana kadar karıştırın.

e) Yulaf karışımını pişirme kabındaki elmaların üzerine eşit şekilde serpin.

f) 35-40 dakika veya üzeri altın rengi kahverengi olana ve elmalar yumuşayana kadar pişirin.

g) Bir top vanilyalı dondurma veya bir top krem şanti ile sıcak olarak servis yapın. Lezzetli bir tatlı olarak bu rahatlatıcı Toffee Apple Crisp'in tadını çıkarın!

72. Şekerleme Muz Bölünmüş

İÇİNDEKİLER:
- 2 adet olgun muz
- 2 top vanilyalı dondurma
- Çikolata sosu
- Karamel sosu
- Krem şanti
- Maraschino kirazı
- Şekerleme parçaları

TALİMATLAR:

a) Muzları soyun ve her birini uzunlamasına ikiye bölün.
b) Muz yarımlarını servis tabağına veya tekneye yerleştirin.
c) Her muzun yarısını bir kaşık vanilyalı dondurmayla doldurun.
ç) Çikolata sosunu ve karamel sosunu gezdirin.
d) Çırpılmış krema, maraschino kirazları ve bir tutam şekerleme parçacıklarıyla süsleyin.
e) Hemen servis yapın ve lezzetli bir dokunuşla klasik bir tatlı olarak bu hoşgörülü Toffee Banana Split'in tadını çıkarın!

73.Şekerleme Cevizli Turta

İÇİNDEKİLER:

- 1 pişmemiş pasta kabuğu (ev yapımı veya mağazadan satın alınmış)
- 3 büyük yumurta
- 1 bardak mısır şurubu
- 1 su bardağı toz şeker
- 2 yemek kaşığı tuzsuz tereyağı, eritilmiş
- 1 çay kaşığı vanilya özü
- Bir tutam tuz
- 1 su bardağı kıyılmış ceviz
- 1/2 bardak şekerleme parçaları

TALİMATLAR:

a) Fırınınızı önceden 350°F'ye (175°C) ısıtın ve pişmemiş pasta kabuğunu 9 inçlik bir pasta tabağına yerleştirin.

b) Bir karıştırma kabında yumurtaları çırpın. Mısır şurubu, şeker, eritilmiş tereyağı, vanilya özü ve tuzu ekleyin ve iyice birleşene kadar karıştırın.

c) Kıyılmış cevizleri ve şekerleme parçalarını eşit şekilde dağıtılana kadar karıştırın.

ç) Karışımı pasta kabuğunun içine dökün.

d) 50-60 dakika veya dolgu sertleşene ve kabuk altın kahverengi olana kadar pişirin.

e) Dilimlemeden ve servis yapmadan önce pastanın tamamen soğumasını bekleyin. Her durum için enfes bir tatlı olarak bu çökmekte olan Şekerleme Cevizli Turtanın tadını çıkarın!

çeşniler

74.Şekerleme Tereyağı

İÇİNDEKİLER:
- 1/2 bardak tuzsuz tereyağı, yumuşatılmış
- 2 yemek kaşığı pudra şekeri
- 1/4 bardak şekerleme parçaları

TALİMATLAR:
a) Bir karıştırma kabında yumuşatılmış tereyağını pürüzsüz ve kremsi olana kadar çırpın.
b) Pudra şekerini ekleyin ve iyice birleşene kadar çırpın.
c) Eşit şekilde dağıtılıncaya kadar şekerleme parçalarını yavaşça katlayın.
ç) Şekerleme tereyağını servis tabağına aktarın veya plastik ambalaj kullanarak bir kütük haline getirin.
d) Zengin ve hoş bir lezzet için şekerleme tereyağını kızarmış ekmek, kekler, çörekler veya kreplerin üzerine servis edin.

75.Şekerleme Vanilyalı Buzlanma

İÇİNDEKİLER:
- 1½ bardak tuzsuz tereyağı, yumuşatılmış
- 4 su bardağı pudra şekeri
- ¼ bardak şekerleme sosu (mağazadan satın alınabilir veya ev yapımı olabilir)
- 1 çay kaşığı vanilya özü

TALİMATLAR:

a) Büyük bir karıştırma kabında yumuşatılmış tereyağını kremsi ve pürüzsüz hale gelinceye kadar çırpın.

b) Her eklemeden sonra iyice çırparak, her seferinde bir bardak olacak şekilde pudra şekerini yavaş yavaş ekleyin.

c) Şekerleme sosunu ve vanilya özünü karıştırın ve krema hafif ve kabarık hale gelinceye kadar çırpmaya devam edin.

76.Şekerleme Sosu

İÇİNDEKİLER:

- 1 bardak ağır krema
- 1/2 su bardağı tuzsuz tereyağı
- 1 su bardağı esmer şeker
- 1/4 bardak şekerleme parçaları

TALİMATLAR:

a) Bir tencerede ağır kremayı, tuzsuz tereyağını ve esmer şekeri orta ateşte birleştirin.
b) Tereyağı eriyene ve şeker eriyene kadar sürekli karıştırın.
c) Karışımı hafif bir kaynamaya getirin, ardından ısıyı en aza indirin.
ç) Sos hafifçe koyulaşana kadar ara sıra karıştırarak 5-7 dakika pişirin.
d) Ateşten alın ve şekerleme parçalarını eriyene ve birleşene kadar karıştırın.
e) Servis yapmadan önce şekerleme sosunun biraz soğumasını bekleyin. Çöken bir dokunuş için dondurma, krep, waffle veya tatlıların üzerine gezdirin.

77.Şekerleme Krem Şanti

İÇİNDEKİLER:

- 1 bardak ağır krema
- 2 yemek kaşığı pudra şekeri
- 1 çay kaşığı vanilya özü
- 1/4 bardak şekerleme parçaları

TALİMATLAR:

a) Bir karıştırma kabında ağır kremayı, pudra şekerini ve vanilya özünü yumuşak zirveler oluşana kadar çırpın.

b) Eşit şekilde dağıtılıncaya kadar şekerleme parçalarını yavaşça katlayın.

c) Kremsi ve lezzetli bir katkı için sıcak kakao, kahve, tatlılar veya meyvelerin üzerine şekerleme çırpılmış kremayı kullanın.

78.Şekerleme Krem Peynir Ezmesi

İÇİNDEKİLER:

- 8 ons krem peynir, yumuşatılmış
- 1/4 su bardağı pudra şekeri
- 1 çay kaşığı vanilya özü
- 1/4 bardak şekerleme parçaları

TALİMATLAR:

a) Bir karıştırma kabında yumuşatılmış krem peyniri pürüzsüz ve kremsi bir kıvama gelinceye kadar çırpın.

b) Pudra şekeri ve vanilya özütünü ekleyin ve iyice birleşene kadar çırpın.

c) Eşit şekilde dağıtılıncaya kadar şekerleme parçalarını yavaşça katlayın.

ç) Tatlı ve kremsi bir kaplama için şekerleme krem peynirini simitlerin, kızarmış ekmeklerin, keklerin veya krakerlerin üzerine sürün.

79.Şekerleme Ballı

İÇİNDEKİLER:
- 1 bardak bal
- 1/4 bardak şekerleme parçaları

TALİMATLAR:

a) Küçük bir tencerede balı kısık ateşte iyice ısınana kadar ısıtın.

b) Şekerleme parçalarını erimeye ve balın içine akmaya başlayana kadar karıştırın.

c) Ateşten alın ve bir kavanoza veya kaba aktarmadan önce hafifçe soğumasını bekleyin.

ç) Çayı tatlandırmak, yoğurt veya yulaf ezmesi üzerine gezdirmek veya kavrulmuş sebzeler veya etler için sır olarak kullanmak için şekerleme ile demlenmiş balı kullanın.

80.Şekerleme Sır

İÇİNDEKİLER:
- 1 su bardağı pudra şekeri
- 2 yemek kaşığı süt veya krema
- 1/4 çay kaşığı vanilya özü
- 2 yemek kaşığı şekerleme parçaları

TALİMATLAR:
a) Bir kapta pudra şekeri, süt veya krema ve vanilya özünü pürüzsüz hale gelinceye kadar çırpın.

b) Şekerleme parçalarını eşit şekilde dağıtılıncaya kadar karıştırın.

c) Tatlı ve lezzetli bir kaplama için kremayı keklerin, keklerin, keklerin veya tarçınlı ruloların üzerine gezdirin.

81. Şekerleme Şurubu

İÇİNDEKİLER:
- 1 bardak su
- 1 su bardağı toz şeker
- 1/4 bardak şekerleme parçaları

TALİMATLAR:

a) Bir tencerede su ve toz şekeri birleştirin. Orta ateşte, ara sıra karıştırarak, şeker eriyene kadar ısıtın.

b) Şeker eridikten sonra ateşi kısın ve şurup hafif koyulaşana kadar 5-7 dakika pişirin.

c) Ateşten alın ve şekerleme parçalarını eriyene ve şuruba karışıncaya kadar karıştırın.

ç) Şekerleme şurubunu bir şişeye veya kavanoza aktarmadan önce soğumasını bekleyin. Kahveyi, kokteylleri tatlandırmak veya krep veya Fransız tostunun üzerine gezdirmek için kullanın.

82.Şekerleme Kreması

İÇİNDEKİLER:

- 1 bardak ağır krema
- 2 yemek kaşığı pudra şekeri
- 1/4 bardak şekerleme parçaları

TALİMATLAR:

a) Bir karıştırma kabında kremayı ve pudra şekerini yumuşak zirveler oluşana kadar çırpın.

b) Eşit şekilde dağıtılıncaya kadar şekerleme parçalarını yavaşça katlayın.

c) Tatlı ve kremsi bir eşlik için şekerleme kremasını turtalar, ayakkabıcılar veya tatlıların yanında servis edin.

83.Şekerleme Gözleme Sosu

İÇİNDEKİLER:
- 1/2 bardak akçaağaç şurubu
- 2 yemek kaşığı şekerleme sosu (şekerleme sosu tarifinden)

TALİMATLAR:

a) Küçük bir tencerede akçaağaç şurubunu ılık olana kadar kısık ateşte ısıtın.

b) Tamamen birleşene kadar şekerleme sosunu karıştırın.

c) Ateşten alın ve biraz soğumasını bekleyin.

ç) Tatlı ve hoş bir kahvaltı ikramı için şekerleme gözleme sosunu kreplerin veya waffle'ların üzerine dökün.

İÇECEKLER

84.Şekerleme Milkshake

İÇİNDEKİLER:

- 2 top vanilyalı dondurma
- 1/2 su bardağı süt
- 1/4 bardak şekerleme sosu (yukarıdaki tarife bakın)
- Krem şanti
- Garnitür için şekerleme parçaları

TALİMATLAR:

a) Bir karıştırıcıda vanilyalı dondurmayı, sütü ve şekerleme sosunu birleştirin.
b) Pürüzsüz ve kremsi olana kadar karıştırın.
c) Milkshake'i bir bardağa dökün.
ç) Üzerine çırpılmış kremayı dökün ve şekerleme parçacıkları serpin.
d) Bu hoşgörülü ve kremsi Toffee Milkshake'in tadını çıkarın!

85. Şekerleme Buzlu Çay

İÇİNDEKİLER:

- 1 bardak demlenmiş siyah çay, soğutulmuş
- 1/4 bardak şekerleme şurubu
- Buz küpleri
- Garnitür için limon dilimleri

TALİMATLAR:

a) Bir bardağı buz küpleriyle doldurun.
b) Demlenmiş siyah çayı bardağa dökün.
c) Şekerleme şurubunu iyice karışana kadar karıştırın.
ç) Limon dilimleriyle süsleyin.
d) Bu canlandırıcı ve hafif tatlı Şekerlemeli Buzlu Çayın tadını çıkarın!

86. Banoffee Frappuccino

İÇİNDEKİLER:

- 1 fincan demlenmiş kahve, soğutulmuş
- ½ bardak süt (süt veya bitki bazlı)
- 2 olgun muz, dondurulmuş
- 2 yemek kaşığı şekerleme şurubu
- Üzeri için krem şanti
- Garnitür için ezilmiş şekerleme parçaları

TALİMATLAR:

a) Bir karıştırıcıda soğutulmuş demlenmiş kahveyi, sütü, dondurulmuş muzları ve şekerleme şurubunu birleştirin.

b) Pürüzsüz ve kremsi olana kadar karıştırın.

c) Bir bardağa dökün, üzerine çırpılmış krema ekleyin ve ezilmiş şekerleme parçalarıyla süsleyin.

87.Banoffee Kahveli Smoothie

İÇİNDEKİLER:

- 1 olgun muz, dondurulmuş
- 1 fincan soğuk demlenmiş kahve
- ½ bardak süt (süt veya bitki bazlı)
- 2 yemek kaşığı şekerleme şurubu
- 1 yemek kaşığı badem ezmesi
- Buz küpleri
- 1 çay kaşığı kakao tozu

TALİMATLAR:

a) Bir karıştırıcıda dondurulmuş muz, soğuk demlenmiş kahve, süt, şekerleme şurubu ve badem ezmesini birleştirin.

b) Pürüzsüz olana kadar karıştır.

c) Buz küplerini ekleyin ve istediğiniz kıvamı elde edene kadar tekrar karıştırın.

ç) Bir bardağa dökün ve isteğe bağlı olarak ekstra şekerleme şurubu ve kakao tozu serpin.

88.Banoffee Proteinli Smoothie

İÇİNDEKİLER:
- 1 olgun muz
- ½ bardak vanilya protein tozu
- ¼ fincan şekerleme sosu
- 1 su bardağı badem sütü
- Buz küpleri

TALİMATLAR:

a) Olgun muz, vanilya protein tozu, şekerleme sosu, badem sütü ve buz küplerini iyice birleşene kadar karıştırın.

b) Bir bardağa dökün ve bu protein dolu Banoffee smoothie'nin tadını çıkarın.

89.Banoffee Baskın Kokteyli

İÇİNDEKİLER:

- 1 ons (30 ml) Baharatlı Rom
- 1 ons (30 ml) Karamela Schnapps
- 1 ons (30 ml) Tuzlu Karamel Şurubu
- 1 ½ ons (45 ml) Süt
- ½ Muz
- buz

TALİMATLAR:

a) Bir karıştırıcıda 1 ons Baharatlı Rum, 1 ons Butterscotch Schnapps, 1 ons Tuzlu Karamel Şurubu, 1 ½ ons Süt ve yarım muzu birleştirin.

b) Blendere bir avuç buz ekleyin.

c) Pürüzsüz ve kremsi bir kıvam elde edinceye kadar tüm malzemeleri karıştırın.

ç) Kokteylinizi dilediğiniz bir bardağa veya servis kabına dökün.

d) Krem şanti, bir tutam tarçın ve köpüklü muzla süsleyin.

e) Lezzetli Banoffee Blitz Kokteylinizi servis edin ve tadını çıkarın!

90.Arpa şarabı ve şekerleme

İÇİNDEKİLER:

- Arpa şarabı Ale
- Şekerleme-Tastic Kurabiye

TALİMATLAR:

a) French press'e bir avuç kurabiye ekleyin.

b) Üzerine 12 ons Arpa şarabı ekleyin ve 3 dakika demlenmeye bırakın, ardından filtreyi aşağı bastırıp servis yapın.

c) Kurabiye sapı bunda önemli olduğundan, bunu birkaç ekstra örgü türünden geçirin. Kurabiyenin amaçlandığı gibi gelmesini istiyorsanız belki daha uzun süre dinlenmesine izin verin.

91.Crème Brûlée Şekerlemeli Boba Çayı

İÇİNDEKİLER:

CRÈME BRÛLEE PUDING
- 2 yemek kaşığı toz şeker
- 2 büyük yumurta sarısı
- 1 bardak ağır krema
- ½ çay kaşığı vanilya özü

Esmer Şeker BOBA
- ½ fincan boba
- 3 yemek kaşığı esmer şeker
- 1 tutam koşer tuzu

HOJICHA BOBA ÇAYI
- 2 bardak süt
- 3 hojicha çay poşeti
- 2 yemek kaşığı toz şeker
- 1 tutam koşer tuzu

TOPLANTI
- buz
- ¼ fincan ezilmiş şekerleme parçaları

TALİMATLAR:

CRÈME BRÛLEE PUDING

a) Boba Çayınızı bir gece önce içmek, Crème Brûlée'yi yapmak ve gece boyunca soğutmak istersiniz.

b) Fırınınızı 250F'ye önceden ısıtın.

c) Orta boy bir kapta, şeker ve yumurta sarısını birleşene kadar çırpın. Ağır kremayı ve vanilya özünü ekleyin ve birleştirmek için karıştırın.

ç) 1 ½ fincan kapasiteli fırına dayanıklı bir kabı, kenarları yeterince yüksek olan bir fırın tepsisine yerleştirin, böylece suyun kabın yaklaşık yarısına kadar erişilebilecek şekilde dökülebilmesi sağlanır.

d) Orta boy bir tencereye yetecek kadar suyu kaynatın.

e) Muhallebi karışımını fırına dayanıklı kaba dökün. Fırınınızı açın ve fırın rafını hafifçe dışarı çekin, ardından fırın tepsisini rafın üzerine yerleştirin.

f) Kaynayan suyu yavaşça fırın tepsisine dökün, suyun muhallebinin içine sıçramamasına dikkat edin. Kaynayan suyu muhallebinin seviyesine ulaşıncaya veya biraz üzerine çıkıncaya kadar dökmeye devam edin. Fırın rafını yavaşça geriye doğru itin ve fırını kapatın.

g) 35-40 dakika veya muhallebi sertleşene kadar pişirin. Sıvı görünüyorsa 5 dakika daha pişirin ve tekrar kontrol edin. Ortası titrek olmalı fakat sıvı olmamalıdır.

ğ) Muhallebi su banyosundan çıkarın, ardından oda sıcaklığında soğumaya bırakın. Soğuyuncaya kadar buzdolabında saklayın.

Esmer Şeker BOBA

h) Orta boy bir tencereye suyu kaynatın, ardından bobayı ekleyin ve kaynamaya bırakın. Tamamen şeffaflaşana ve yumuşayana kadar pişirin. Zamanlama, ne tür bobaya sahip olduğunuza bağlı olacaktır, bu nedenle ambalajı kontrol edin.

ı) Boba'yı boşaltın, ardından kahverengi şekeri ve tuzu ilave edin. Soğumaya bırakın.

HOJICHA Boba Çayı

i) Sütü buharlaşana kadar ısıtın.

j) Çay poşetlerini ekleyin. Çayı 15 dakika demlendirin, ardından şekeri ve bir tutam tuzu ekleyin. Çay poşetlerindeki fazla sıvıyı Boba Çayı'na sıkın ve ardından çay poşetlerini atın.

k) Soğuyuncaya kadar buzdolabında saklayın ve servise hazır olana kadar buzdolabında saklayın.

TOPLANTI

l) Yarısına kadar 4 bardağı buzla doldurun. Boba ve Boba Çayını bardaklara paylaştırın ve her şeyi karıştırın. Her bardağa büyük kaşık dolusu Crème Brûlée koyun ve üzerine şekerleme parçaları koyun. Soğuk servis yapın!

92.Şekerleme Fındıklı Latte

İÇİNDEKİLER:

- 1 shot espresso
- 1 su bardağı haşlanmış süt
- 2 yemek kaşığı şekerleme fındık şurubu

TALİMATLAR:

a) Bir shot espresso demleyin.
b) Sütü köpürene kadar buharda pişirin.
c) Şekerleme fındık şurubunu karıştırın.
ç) Espressoyu bir bardağa dökün, üzerine buharlanmış süt ekleyin ve karıştırın.

93.Şekerleme Rusça

İÇİNDEKİLER:
- 1 1/2 ons votka
- 1/2 ons kahve likörü
- 1/2 ons şekerleme likörü
- 1 oz krema veya süt
- Buz küpleri

TALİMATLAR:
a) Bir bardağı buz küpleriyle doldurun.
b) Bardağa votka, kahve likörü, şekerleme likörü ve krema veya süt dökün.
c) İyice karışana kadar karıştırın.
ç) Bu kremsi ve yozlaşmış Toffee Russian'ın tadını çıkarın!

94.Banoffee Pie Martini

İÇİNDEKİLER:
- 1½ ons (45 ml) Muz Likörü
- 1 ons (30 ml) Karamelli Votka
- 1 ons (30 ml) İrlanda Kremalı Likörü (Baileys gibi)
- 1 ons (30 ml) Yarım ve Yarım (yarım süt, yarım krema)
- buz
- Süslemek için krem şanti
- Üzerine sürmek için karamel sos

TALİMATLAR:
a) Kokteyl çalkalayıcısını buzla doldurun.
b) Muz Likörünü, Karamel Votkasını, İrlanda Kremalı Likörünü ve Yarım Buçuk'u çalkalayıcıya ekleyin.
c) Karışım soğuyuncaya kadar iyice çalkalayın.
ç) Martiniyi soğutulmuş bir martini bardağına süzün.
d) Bir parça çırpılmış krema ve bir çiseleyen karamel sos ile süsleyin.
e) Hemen servis yapın ve Banoffee Pie Martini'nizin tadını çıkarın!

95.Banoffee Eski Moda

İÇİNDEKİLER:
- 40ml Koyu rom
- 20ml Baharatlı rom
- 15ml muz likörü
- 7½ ml bal şurubu
- 1 çizgi Angostura bitteri
- 1 dilim bitter çikolata

TALİMATLAR:
a) Bir kaya bardağını buzla doldurun.
b) Tüm malzemeleri bardağa dökün ve karıştırın.
c) Muz cipsleriyle süsleyin.
ç) Banoffee Old Fashioned kokteylinizin tadını çıkarın!

96.Banoffee Milkshake

İÇİNDEKİLER:

- 1 çay kaşığı bitkisel yağ
- 1 yemek kaşığı patlamış mısır
- ⅓ bardak karamel sosu
- 100 gr bitter çikolata, eritilmiş
- 2 adet olgun muz
- 2 top vanilyalı dondurma
- 1 ½ su bardağı süt
- Servis için konserve çırpılmış krema
- Süslemek için sade krakerler
- Süslemek için çikolatalı krakerler
- 20 gr bitter çikolata, rendelenmiş

TALİMATLAR:

a) Yağı orta boy bir tencerede yüksek ateşte ısıtın. Patlayan mısırı ekleyin.

b) Kapağı kapalı olarak, tavayı sallayarak 3-4 dakika veya patlama sesi kesilene kadar pişirin. Ateşten alın.

c) Tuz serpin ve 1 yemek kaşığı karamel sosu ekleyin. Kaplamak için karıştırın. Soğuması için bir kenara koyun.

ç) Eritilmiş çikolatayı 4 x 300 ml'lik bardakların içine dökün ve bardakların kenarlarını hafifçe fırçalayın.

d) Muz, dondurma, süt ve 2 yemek kaşığı karamel sosunu pürüzsüz ve köpüklü hale gelinceye kadar karıştırın. Hazırlanan bardaklara dökün. Üstüne çırpılmış krema ekleyin. Krakerleri bardağın üst kısmına dizin.

e) Üzerine karamelli patlamış mısır ve rendelenmiş çikolata serpin. Derhal servis yapın.

97.Banoffee Pie Kokteyli

İÇİNDEKİLER:
- 1 muz
- 2 ons Muz Rom
- 2 ons yarım buçuk
- 2 yemek kaşığı Dulce de Leche
- buz

TALİMATLAR:
a) Bir karıştırıcıya muzu ekleyin.
b) Sonra Banana Rum'u ekleyin.
c) Yarım ve yarım ekleyin.
ç) Dulce de Leche'yi ekleyin.
d) Malzemeleri karıştırın ve isteğe göre buz ekleyin.

98.Banoffee Pie Frappe

İÇİNDEKİLER:
- 3 tepeleme çay kaşığı malt süt
- 1 top vanilyalı dondurma
- 200 ml süt
- 1 muz + üzeri için 2 dilim
- 20ml karamel sosu
- 1 ufalanmış bisküvi
- Bir tutam tarçın
- Buz küpleri

TALİMATLAR:

a) Sütü, maltlı sütü, muzu, dondurmayı ve buz küplerini sürahi karıştırıcıya yerleştirin.

b) Pürüzsüz, kremsi bir içecek hazırlamak için tam hızda patlatın.

c) Frappeyi en sevdiğiniz bardağa dökün.

ç) Üzerine bir miktar karamel sosu veya akçaağaç şurubu ekleyin.

d) Süslemek için ufalanmış bisküvi, birkaç dilim muz ve bir tutam tarçın ekleyin.

99.Banoffee Sıcak Çikolata

İÇİNDEKİLER:
- 1 su bardağı sıcak çikolata (sütle hazırlanmış)
- 1 olgun muz, püresi
- 2 yemek kaşığı şekerleme sosu
- Üzeri için krem şanti
- Süslemek için tarçın

TALİMATLAR:
a) Süt kullanarak sıcak çikolata hazırlayın.
b) İyice birleşene kadar ezilmiş muz ve şekerleme sosunu karıştırın.
c) Üzerine çırpılmış krema ve bir tutam tarçın ekleyin.

100.Banoffee Colada

İÇİNDEKİLER:

- 1 olgun muz, soyulmuş ve dilimlenmiş
- 1 su bardağı ananas parçaları (taze veya konserve)
- 2 ons (60ml) hindistan cevizi kreması
- 1 ons (30ml) dulce de leche veya karamel sos
- 2 ons (60ml) muz likörü
- 1½ ons (45ml) koyu rom
- 1 bardak buz küpleri
- Krem şanti (süslemek için)
- Muz dilimleri ve ananas dilimleri (garnitür için)

TALİMATLAR:

a) Bir karıştırıcıda olgun muz, ananas parçaları, hindistan cevizi kreması, dulce de leche, muz likörü, koyu rom ve buz küplerini birleştirin.

b) Pürüzsüz ve kremsi olana kadar karıştırın.

c) Gerekirse daha fazla dulce de leche veya muz likörü ekleyerek tatlılığı tadın ve ayarlayın.

ç) Karışımı servis bardaklarına dökün.

d) Bir parça çırpılmış kremayla süsleyin.

e) Üzerine muz dilimleri ve ananas dilimleri koyun.

f) İsteğe bağlı: Ekstra tatlılık için çırpılmış kremanın üzerine ilave dulce de leche veya karamel sosu gezdirin.

g) Bir pipet takın ve bu tropikal ve hoşgörülü Banoffee Colada'nın tadını çıkarın!

ÇÖZÜM

"TAM ŞEKERLEME YEMEK KİTABI"a veda ederken, bunu, tattığımız lezzetlere, yarattığımız anılara ve yol boyunca paylaştığımız tatlı hoşgörüye yüreklerimiz dolu şükranla yapıyoruz. Tereyağlı mutluluktan oluşan 100 baştan çıkarıcı ikramla, şekerlemenin sonsuz olanaklarını keşfettik ve ev yapımı bir ikramla kendinizi şımartmanın basit zevklerini kutladık.

Ancak yolculuğumuz burada bitmiyor. Yeni keşfedilen ilham ve şekerleme takdiriyle donanmış olarak mutfaklarımıza döndüğümüzde, bu enfes şekerlemeyle denemeye, yenilik yapmaya ve yaratmaya devam edelim. İster kendimiz için şekerleme yapıyor olalım ister başkalarıyla paylaşalım, bu yemek kitabındaki tarifler yıllar boyu neşe ve rahatlık kaynağı olsun.

Ve her lezzetli lokmanın tadını çıkarırken mutfağın sıcaklığını, sevdiklerimizin kahkahalarını ve tatlı bir ikramın tadını çıkarmanın basit zevklerini hatırlayalım. Bu lezzetli yolculukta bize katıldığınız için teşekkür ederiz. Mutfağınız karamelize şeker kokusuyla dolsun, kileriniz tereyağ lezzetleriyle dolu olsun ve kalbiniz hayatın basit zevklerinin tadını çıkarmanın getirdiği mutlulukla dolsun.

www.ingramcontent.com/pod-product-compliance
Lightning Source LLC
LaVergne TN
LVHW021703060526
838200LV00050B/2478